Schriften zum Verkehrsmarktrecht

herausgegeben von

Prof. Dr. Matthias Knauff, LL.M. Eur.

Band 5

Matthias Knauff (Hrsg.)

ÖPNV als Bestandteil und Gegenstand der Verkehrswende

5. Jenaer Gespräche zum Recht des ÖPNV

Nomos

Onlineversion
Nomos eLibrary

Die Deutsche Nationalbibliothek verzeichnet diese Publikation in der Deutschen Nationalbibliografie; detaillierte bibliografische Daten sind im Internet über http://dnb.d-nb.de abrufbar.

ISBN 978-3-8487-8163-8 (Print)
ISBN 978-3-7489-2591-0 (ePDF)

1. Auflage 2021

Vorwort

Im Rahmen der Klimaschutzbemühungen kommt dem Verkehrssektor eine zentrale Bedeutung zu. Das BVerfG hat dies in seiner Entscheidung zum Klimaschutzgesetz vom 24. März 2021 deutlich hervorgehoben. Die Erforderlichkeit einer Verkehrswende analog und in Verbindung mit der Energiewende steht daher außer Frage. Der ÖPNV ist notwendig deren Bestandteil und erfährt damit zugleich eine neue Rechtfertigung. Ungeachtet dessen stehen Kommunen und Verkehrsunternehmen vor großen und vielfältigen Herausforderungen, die technischer, ökonomischer und auch rechtlicher Lösungen bedürfen. Der vorliegende Band dokumentiert die Mehrzahl der Vorträge, die bei den am 8. November 2019 von der Forschungsstelle für Verkehrsmarktrecht an der Friedrich-Schiller-Universität Jena veranstalteten 5. Jenaer Gesprächen zum Recht des ÖPNV gehalten wurden, in aktualisierter Fassung. Dank für die finanzielle Unterstützung der Veranstaltung und des Tagungsbandes gilt der Ernst & Young Law GmbH Rechtsanwaltsgesellschaft Steuerberatungsgesellschaft. Für die Unterstützung bei der Herausgabe des Bandes ist den Mitarbeiterinnen und Mitarbeitern meines Lehrstuhls, insbesondere Frau wiss. Mit. Janine Delcuvé und Frau stud. jur. Isabell König, zu danken.

Jena, September 2021 *Prof. Dr. Matthias Knauff, LL.M. Eur.*

Inhalt

Ansatzpunkte für eine Verkehrswende im geltenden Recht

Prof. Dr. Matthias Knauff, LL.M. Eur.[*]

A. *Einleitende Bemerkungen*

Der Verkehr ist eine der bedeutendsten Quellen von Luftschadstoffen und CO_2.[1]. Es steht daher außer Frage, dass seine Emissionen aus Gründen des Gesundheits-,[2] Umwelt- und Klimaschutzes reduziert werden müssen. Konsequent bezieht § 4 Abs. 1 S. 1 Nr. 3 i.V.m. Anlage 1 Nr. 4 KSG den Verkehr umfassend in die CO_2-Reduktionsverpflichtungen ein. Die konkreten Einsparziele ergeben sich aus Anlage 2. Ausgehend von einem CO_2-Emissionsziel von 150 Mio. t CO_2-Äquivalent im Jahr 2020, das aufgrund des deutlich geringeren Verkehrsgeschehens während der Corona-Pandemie erreicht werden konnte,[3] sollte dieses – vor der Qualifikation des KSG als unzureichend und daher verfassungswidrig durch das BVerfG[4] – bis zum Jahr 2030 auf 95 Mio. t CO_2-Äquivalent sinken. Nunmehr ist eine Reduktion auf 85 Mio. t CO_2-Äquivalent vorgesehen. Zugleich ist Mobilität in ihren vielfältigen Ausprägungen und Zwecken[5] eine grundlegende Voraussetzung für die Funktionsfähigkeit jeder modernen Wirtschaft und Gesellschaft, die auch grundrechtlich abgesichert ist.[6] Eine Bekämpfung der negativen Folgen von Verkehr durch den Verzicht darauf scheidet daher weithin aus.

---

* Der Verfasser ist Inhaber des Lehrstuhls für Öffentliches Recht, insbesondere Öffentliches Wirtschaftsrecht, und Leiter der Forschungsstelle für Verkehrsmarktrecht an der Friedrich-Schiller-Universität Jena sowie Richter am Thüringer Oberlandesgericht (Vergabesenat).

1 Siehe dazu https://www.umweltbundesamt.de/daten/verkehr/emissionen-des-verkehrs#pkw-fahren-heute-klima-und-umweltvertraglicher (Internetzitat v. 16.5.2021).

2 Dazu *Knauff*, in: Kment/Rossi (Hrsg.), Urbane Mobilität, 2021, S. 25 ff.

3 Vgl. https://www.bmu.de/pressemitteilung/treibhausgasemissionen-sinken-2020-um-87-prozent/.

4 BVerfG, Beschl. v. 24.3.2021 – 1 BvR 2656/18 u.a.

5 Dazu im Überblick *Knauff*, in: Ruffert (Hrsg.), Europäisches Sektorales Wirtschaftsrecht, 2. Aufl. 2020, § 6 Rn. 4 ff.

6 Umfassend *Gleich*, Grundrechtliche Determinanten des Verkehrsmarktrechts. Eine rechtswissenschaftliche Untersuchung unter Betrachtung des straßengebundenen ÖPNV, 2021.

Analog zur Energiewende ist daher die Vorstellung einer Verkehrs- oder Mobilitätswende[7] entwickelt worden. Deren wesentliche Elemente sind die Stärkung des öffentlichen Verkehrs sowie des unmotorisierten gegenüber dem motorisierten Individualverkehr (MIV) und der Abschied vom Verbrennungsmotor (jedenfalls) herkömmlicher Bauart. Im Einzelnen bestehen erhebliche Unsicherheiten und eine intensive politische Diskussion über die künftige Ausgestaltung des Verkehrs in Deutschland. Dessen ungeachtet soll im Folgenden eine Untersuchung des geltenden Rechts daraufhin erfolgen, ob und in welcher Weise es bereits Ansatzpunkte für eine ökologisch orientierte Umgestaltung des Verkehrs enthält. Hierzu werden planerische Instrumente (B.), Anforderungen an Kraftfahrzeuge (C.), rechtliche Maßnahmen zur Förderung der Elektromobilität (D.) sowie im Hinblick auf Alternativen zum MIV (E.) in den Blick genommen. Ein kurzes Fazit beschließt den Beitrag (F.).

B. Planerische Instrumente

Verkehr ist unmittelbar wie auch mittelbar seit jeher Gegenstand zahlreicher Planungen. Herkömmlich zielten diese vor allem darauf ab, seinem Raumbedarf Rechnung zu tragen. Zunehmend traten ökologische Zielsetzungen hinzu. Die Verkehrswende, der ebenso wie der Energiewende die Vorstellung einer zumindest weitgehenden Steuerbarkeit des Sachbereichs zugrunde liegt, kann hieran unmittelbar anknüpfen. Bestehende Planungsinstrumente können – ggf. mit einer neuen oder zusätzlichen Zwecksetzung versehen – für die Zwecke einer Beeinflussung des Verkehrs nutzbar gemacht werden.

I. Luftreinhalteplan

Das Luftreinhaltungsrecht zielt im Hinblick auf die Wahrung der Luftqualität vor allem auf eine Einhaltung der europarechtlich vorgegebenen und in der 39. BImSchV umgesetzten Immissionsgrenzwerte ab, die sich allerdings nicht auf den CO_2-Ausstoß beziehen.[8] Bei Grenzwertüberschreitungen verpflichtet § 47 Abs. 1 S. 1 BImSchG „die zuständige Behörde einen

7 Vgl. *v. Lojewski*, IR 2019, 221 ff., 245 ff.; *Faber*, IR 2019, 290 ff.

8 Siehe dazu aktuell auch EuGH, Urt. v. 3.6.2021 – C-635/18, Rn. 76 ff. – Kommission/Deutschland.

Luftreinhalteplan aufzustellen, welcher die erforderlichen Maßnahmen zur dauerhaften Verminderung von Luftverunreinigungen festlegt“. Bei der Gefahr der Grenzwertüberschreitung ist ein Plan für kurzfristig zu ergreifende Maßnahmen aufzustellen, der nach § 47 Abs. 2 S. 3 BImSchG darauf abzielt, die Gefahr der Überschreitung der Werte zu verringern oder den Zeitraum, während dessen die Werte überschritten werden, zu verkürzen. Gemäß § 47 Abs. 4 BImSchG sind „[d]ie Maßnahmen ... entsprechend des Verursacheranteils unter Beachtung des Grundsatzes der Verhältnismäßigkeit gegen alle Emittenten zu richten, die zum Überschreiten der Immissionswerte ... beitragen.“ Dies schließt den Verkehr ein, wie § 27 Abs. 3, § 28 Abs. 2 S. 2 39. BImSchV klarstellen. Werden allerdings „Maßnahmen im Straßenverkehr erforderlich, sind diese im Einvernehmen mit den zuständigen Straßenbau- und Straßenverkehrsbehörden festzulegen.“ Letztere sind auch nach § 40 Abs. 1 S. 1 BImSchG für die Durchführung der notwendigen Maßnahmen, etwa Geschwindigkeitsbegrenzungen oder Fahrverbote, zuständig.[9] Praktische Bedeutung hat auch die Einrichtung von Umweltzonen gemäß § 40 Abs. 3 BImSchG i.V.m. 35. BImSchV erlangt. Eine Einschränkung folgt allerdings aus § 47 Abs. 4a BImSchG, der als Reaktion auf die Bestätigung der Rechtmäßigkeit von „Dieselfahrverboten“ durch das BVerwG[10] eingeführt wurde.[11] Nach dessen Satz 1 kommen „Verbote des Kraftfahrzeugverkehrs für Kraftfahrzeuge mit Selbstzündungsmotor ... wegen der Überschreitung des Immissionsgrenzwertes für Stickstoffdioxid in der Regel nur in Gebieten in Betracht, in denen der Wert von 50 Mikrogramm Stickstoffdioxid pro Kubikmeter Luft im Jahresmittel überschritten worden ist.“ Letzteres erfolgt praktisch kaum.[12] Auch sind in Rechtsprechung und Literatur – begründete – Zweifel an der Europarechtskonformität der Regelung geäußert worden.[13] Überdies sind nach § 47 Abs. 4a S. 1 BImSchG zahlreiche Kraftfahrzeuge mit Dieselmotor auf Grundlage des Luftreinhalteplans ausgenommen, insbesondere neuere Kraftfahrzeuge der Schadstoffklassen Euro 6 bzw. VI, bei denen der Ge-

---

9 Näher *Knauff*, in: Führ (Hrsg.), GK-BImSchG, 2. Aufl. 2019, § 40 Rn. 21 ff.

10 BVerwG, NVwZ 2018, 883 ff. und 890 ff.; zur Unverhältnismäßigkeit eines Diesel-Verkehrsverbots bei absehbarer Einhaltung des Grenzwerts für Stickstoffdioxid BVerwG, NVwZ 2020, 1191.

11 Vgl. BT-Drucks. 19/6335, S. 7.

12 Siehe näher https://www.umweltbundesamt.de/daten/luft/stickstoffdioxid-belastung#belastung-durch-stickstoffdioxid (Internetzitat v. 16.5.2021).

13 VGH Mannheim, NVwZ 2019, 813 Rn. 74; OVG Münster, Urt. v. 31.07.2019 – 8 A 2851/18, Rn. 281 ff. (juris); *Laskowski*, ZRP 2019, 44 (46 ff.); *Scheidler*, NVwZ 2019, 751 (754); *Will*, NZV 2019, 17 (24 f.).

setzgeber von einem hinreichend schadstoffarmen und daher gesundheitlich unbedenklichen Betrieb ausgeht.[14]

Im Luftreinhalteplan können zudem „positive“ verkehrsbezogene Maßnahmen vorgesehen werden. Dies gilt sowohl für die Gestaltung der Verkehrsführung, durch die insbesondere Durchgangsverkehre in gewissem Umfang verlagert werden können,[15] als auch für eine Verbesserung der Rahmenbedingungen für immissionsfreie Verkehre, insbesondere den Radverkehr.[16]

II. Nahverkehrsplan

Ein höchst bedeutsames[17] Instrument zur planerischen Beeinflussung des straßengebundenen Öffentlichen Personennahverkehrs (ÖPNV) durch Kommunen mit Aufgabenträgerfunktion ist der in § 8 Abs. 3 PBefG bundesrechtlich verankerte und in den Landesnahverkehrsgesetzen näher ausgestaltete Nahverkehrsplan[18]. Dieser ist mit anderen raumbedeutsamen Planungen abzustimmen und bildet nach § 8 Abs. 3 S. 7 PBefG „den Rahmen für die Entwicklung des öffentlichen Personennahverkehrs“ mit dem in S. 1 der Vorschrift definierten Ziel, eine ausreichende – sowie mit Wirkung vom 1.8.2021 „den Grundsätzen des Klimaschutzes und der Nachhaltigkeit entsprechende“ – Bedienung der Bevölkerung mit Verkehrsleistungen im ÖPNV sicherzustellen. Hinsichtlich der Bestimmung der ausreichenden Verkehrsbedienung verfügen die zuständigen Behörden über eine – wenn auch nicht unbegrenzte – Einschätzungsprärogative.[19] Insbesondere sind auch den ÖPNV im Verhältnis zum MIV stärkende Angebotsplanungen zulässig. Die Inhalte beziehen sich insbesondere auf „die Anforderungen an Umfang und Qualität des Verkehrsangebotes, dessen Umweltqualität sowie die Vorgaben für die verkehrsmittelübergreifende Integrati-

14 Vgl. BT-Drucks. 19/6335, S. 10.

15 OVG Hamburg, Urt. v. 29.11.2019 – 1 E 23/18, Rn. 201 f. (juris); zu den (weiten) Grenzen EuGH, ZUR 2012, 291 ff.

16 Kritisch hinsichtlich der Wirksamkeit allerdings OVG Münster, Urt. v. 12.9.2019 – 8 A 4775/18, Rn. 331 (juris); *Brandt*, NVwZ 2018, 945 (948).

17 So auch schon *Pützenbacher*, NZV 1998, 104; von einem „politischen Steuerungsinstrument“ spricht *Winnes* in: Saxinger/Winnes (Hrsg.), Recht des öffentlichen Personenverkehrs, Stand 12/2020, § 8 Abs. 3 PBefG Rn. 14.

18 Dazu ausführlich *Werner*, in: Baumeister (Hrsg.), Recht des ÖPNV II, 2013, A3 Rn. 170 ff.; im Überblick *Brenner/Arnold*, NVwZ 2015, 385 ff.

19 Vgl. VG Augsburg, Urt. v. 24.3.2015 – Au 3 K 13.2063, Au 3 K 14.34; *Knauff*, in: ders. (Hrsg.), Vorrang der Eigenwirtschaftlichkeit im ÖPNV, 2017, S. 11 (20 ff.).

on der Verkehrsleistungen".[20] Letztere erfahren zudem durch § 8 Abs. 3b PBefG eine kartellrechtliche Privilegierung, soweit sie auf Vereinbarungen von Verkehrsunternehmen beruhen.[21]

Landesrechtliche Ergänzungen nehmen teilweise weitere Konkretisierungen vor, wie exemplarisch am Beispiel Thüringens aufgezeigt werden soll. So hat der Nahverkehrsplan nach § 5 Abs. 1 S. 3 ThürÖPNVG „den Zielen der Raumordnung, Landesentwicklung und Landesplanung unter Beachtung der Belange des Umweltschutzes, der Wirtschaftlichkeit und der Mobilitätsbedürfnisse der Bevölkerung zu entsprechen." Ziel ist gemäß § 2 Abs. 3 ThürÖPNVG, dass der ÖPNV „unter Nutzung aller Vorteile integrierter Verkehrsnetze organisiert und durchgeführt werden [soll]. Der die Fläche des Landes erschließende SPNV ist als Grundangebot des ÖPNV auszugestalten und so mit dem regionalen und städtischen StPNV zu verknüpfen, dass durchgehende, weitestmöglich vertaktete Verkehrsangebote gewährleistet werden. Grundsätzlich soll für die Bevölkerung in allen Landesteilen erreicht werden, dass jeder die wichtigen Ziele seiner täglichen Lebensgestaltung unter zumutbaren Bedingungen zu sozialverträglichen Tarifen mit öffentlichen Verkehrsmitteln erreichen kann." Den Aufgabenträgern weist § 4 ThürÖPNVG hierzu explizit eine Koordinierungsaufgabe zu.

Eine Pflicht zur Realisierung des im Nahverkehrsplan vorgesehenen ÖPNV-Angebots besteht allerdings ungeachtet der Ergänzung des PBefG zum 1.8.2021 durch § 1a PBefG, wonach „[b]ei Anwendung dieses Gesetzes ... die Ziele des Klimaschutzes und der Nachhaltigkeit zu berücksichtigen [sind]", nicht. Sofern die darin vorgesehenen Verkehrsleistungen nicht unternehmerisch erbracht werden (können), kommt eine behördliche Bestellung nach § 8a PBefG i.V.m. Verordnung (EG) Nr. 1370/2007 in Be-

20 Zur umstrittenen Frage der Detailgenauigkeit siehe *Knauff*, Der Gewährleistungsstaat: Reform der Daseinsvorsorge, 2004, S. 413 ff.; zu den ergänzenden Vorgaben des Landesrechts *Barth*, in: Baumeister (Fn. 18), A2 Rn. 191 ff.; nach VG Köln, Urt. v. 18.3.2019 – 18 K 11690/16, bildet der Nahverkehrsplan „den Rahmen für die Entwicklung des öffentlichen Personennahverkehrs, § 8 Abs. 3 Satz 8 PBefG, ohne sämtliche Einzelheiten für die konkrete Ausgestaltung und Durchführung einzelner Linienverkehre oder Teile derselben sowie Struktur und Höhe der ÖPNV-Tarife enthalten zu müssen. Diese sind Kernelemente der unternehmerischen Eigenverantwortung der beteiligten Verkehrsunternehmen und von diesen in erster Linie unter wirtschaftlichen Aspekten festzulegen."

21 Dazu *Knauff*, in: Immenga/Mestmäcker (Begr.), Wettbewerbsrecht I, 6. Aufl. 2019, Verkehr Rn. 87 ff.

tracht.[22] Gegenüber seinen Vorgaben widersprechenden Anträgen auf Genehmigung von Verkehrsleistungen im ÖPNV entfaltet er eine Sperrwirkung, vgl. § 8 Abs. 3a, § 13 Abs. 2 S. 1 Nr. 3 lit. d, Abs. 2a, Abs. 2b S. 2 PBefG.

III. Sonstige Planungen

Der Verkehr ist überdies Gegenstand zahlreicher weiterer Planungen. In Bezug auf die notwendige Infrastruktur schließt die aus § 50 S. 1 BImSchG folgende grundlegende Verpflichtung, „[b]ei raumbedeutsamen Planungen und Maßnahmen ... die für eine bestimmte Nutzung vorgesehenen Flächen einander so zuzuordnen, dass schädliche Umwelteinwirkungen ... so weit wie möglich vermieden werden" Verkehrsflächen und deren Trassierung ein.[23] Dabei handelt es sich im Wesentlichen[24] um Straßen und Schienen. Hinsichtlich der Planung einzelner Straßen und Schienenwege sind umweltrelevante Aspekte im Rahmen der auf Grundlage von §§ 13 ff. AEG, §§ 18 ff. PBefG, §§ 17 ff. FStrG zwingend und für sonstige Straßen nach den Straßengesetzen der Länder regelmäßig durchzuführenden Planfeststellung zu berücksichtigen. Dies gilt insbesondere, soweit eine Umweltverträglichkeitsprüfung erfolgt. Zudem ist gemäß § 41 Abs. 1 BImSchG „[b]ei dem Bau oder der wesentlichen Änderung öffentlicher Straßen sowie von Eisenbahnen, Magnetschwebebahnen und Straßenbahnen ... sicherzustellen, dass durch diese keine schädlichen Umwelteinwirkungen durch Verkehrsgeräusche hervorgerufen werden können, die nach dem Stand der Technik vermeidbar sind", so dass auch der Lärmschutz zu gewährleisten ist.[25]

Das Baurecht regelt zwar nicht in erster Linie den Verkehr; jedoch erkennt es diesen als untrennbar mit der Nutzung von Gebäuden verbunden an. Gemäß § 1 Abs. 5 BauGB sollen die Bauleitpläne „eine nachhaltige städtebauliche Entwicklung, die die sozialen, wirtschaftlichen und umweltschützenden Anforderungen auch in Verantwortung gegenüber künftigen Generationen miteinander in Einklang bringt, und eine dem Wohl der Allgemeinheit dienende sozialgerechte Bodennutzung unter Berücksichtigung der Wohnbedürfnisse der Bevölkerung gewährleisten. Sie sollen

---

22 Zum Zusammenhang zwischen Nahverkehrsplan und Verkehrsbestellung *Knauff*, Internationales Verkehrswesen 3/2015, 12 ff.

23 Siehe nur *Wickel/Schulze-Fielitz*, in: Führ (Fn. 9), § 50 Rn. 36.

24 Zu Seilbahnen vgl. *Stenneken/Neumann*, DÖV 2016, 419 ff.

25 Näher *Schulze-Fielitz/Knauff*, in: Führ (Fn. 9), § 43 Rn. 23 ff.

dazu beitragen, eine menschenwürdige Umwelt zu sichern, die natürlichen Lebensgrundlagen zu schützen und zu entwickeln sowie den Klimaschutz und die Klimaanpassung, insbesondere auch in der Stadtentwicklung, zu fördern ...". Anknüpfend daran sieht § 1 Abs. 6 BauGB vor, dass „[b]ei der Aufstellung der Bauleitpläne ... insbesondere zu berücksichtigen [sind] ... 9. die Belange des Personen- und Güterverkehrs und der Mobilität der Bevölkerung, einschließlich des öffentlichen Personennahverkehrs und des nicht motorisierten Verkehrs, unter besonderer Berücksichtigung einer auf Vermeidung und Verringerung von Verkehr ausgerichteten städtebaulichen Entwicklung". Im Zusammenwirken mit den weiteren umweltschutzbezogenen Anforderungen aus § 1 Abs. 6 Nr. 7 BauGB wird deutlich, dass das Leitbild der „autogerechten Stadt"[26] der Vergangenheit angehört.[27] Freilich ist nicht zu verkennen, dass Städte in weitem Umfang existent sind und eine spezifische, nicht notwendigerweise dem Ideal des heutigen Bauplanungsrechts entsprechende Struktur aufweisen, die im Wege der Planung nicht überwunden und nur in geringem Maße beeinflusst werden kann.[28] Gleichwohl können große innerstädtische Brachflächen, etwa frühere Industrie- oder Bahnanlagen, genutzt werden, um planerisch den Stadtumbau in einem umweltorientierten Sinne voranzutreiben und dem entgegengesetzte Verkehre zurückzudrängen.[29] Dabei können auch die in § 9 Abs. 1 Nr. 11 BauGB vorgesehenen Festsetzungen der „Verkehrsflächen sowie Verkehrsflächen besonderer Zweckbestimmung, wie Fußgängerbereiche, Flächen für das Parken von Fahrzeugen, Flächen für das Abstellen von Fahrrädern sowie den Anschluss anderer Flächen an die Verkehrsflächen ...", erfolgen.

Auch insoweit treten punktuell landesrechtliche Anforderungen hinzu. So ist nach § 2 Abs. 2 ThürÖPNVG „[i]n der Landes-, der Regional- und der Bauleitplanung ... auf eine angemessene Anbindung der Wohngebiete an Arbeitsstätten, öffentliche, soziale und kulturelle Einrichtungen und Erholungsgebiete mit öffentlichen Verkehrsmitteln hinzuwirken." §§ 16 ff.

---

26 Titelgebend bei *Reichow*, Die autogerechte Stadt, 1959.

27 Vgl. auch BT-Drucks. 15/2250, S. 39 f.

28 Zur Innenentwicklung siehe etwa *Spangenberger*, UPR 2009, 217 ff.; *Mitschang*, ZfBR 2013, 324 ff.; *Spannowsky*, ZfBR 2019, 748 ff.; zum Bestandsschutz bei Überplanungen *Goldschmidt*, in: Hoppenberg/de Witt, Handbuch des öffentlichen Baurechts, Stand 11/ 2019, Q Rn. 412 ff.

29 Zusammenfassend *Heil*, Autofreie Wohnquartiere. Empirische Bestandsanalyse und Zukunftschancen, Diplomarbeit 2008; *Mantau*, Autofreie Stadtviertel – Planung, Finanzierung und Realisierung aus der Perspektive der Bewohner, Investoren und Stadtplaner, Magisterarbeit 2010.

Berliner Mobilitätsgesetz sieht darüber hinausgehend eine integrierte Verkehrsentwicklungsplanung vor.[30]

C. Anforderungen an Kraftfahrzeuge

Das geltende Recht enthält bereits zahlreiche Vorgaben, welche darauf abzielen, die Umwelt- und Klimaverträglichkeit von Kraftfahrzeugen zu verbessern. Deutlich stärker als die planerischen Instrumente sind diese bereits auf das Ziel der Verkehrswende ausgerichtet.

I. Zulassungsvoraussetzungen

Die Anforderungen an die Zulassung von Kraftfahrzeugen werden im Wesentlichen durch das Europarecht vorgegeben. Dieses wiederum enthält Regelungen für die Emission von Luftschadstoffen und CO_2. Im Folgenden werden die Vorgaben für die wichtigsten Fahrzeuggruppen vorgestellt.[31]

1. Personenkraftwagen und leichte Nutzfahrzeuge

Die Verordnung (EG) Nr. 715/2007 über die Typgenehmigung von Kraftfahrzeugen hinsichtlich der Emissionen von leichten Personenkraftwagen und Nutzfahrzeugen (Euro 5 und Euro 6) und über den Zugang zu Reparatur- und Wartungsinformationen für Fahrzeuge[32] normiert für die erfass-

---

30 Dazu *Seifert/Dromgool*, LKV 2019, 10 (11 f.).

31 Siehe darüber hinaus Verordnung (EU) Nr. 167/2013 über die Genehmigung und Marktüberwachung von land- und forstwirtschaftlichen Fahrzeugen, ABl. 2013 L 60, 1, zuletzt geändert durch Verordnung (EU) 2019/519, ABl. 2019 L 91, 42; Verordnung (EU) Nr. 168/2013 über die Genehmigung und Marktüberwachung von zwei- oder dreirädrigen und vierrädrigen Fahrzeugen, ABl. 2013 L 60, 52, zuletzt geändert durch Verordnung (EU) 2019/129, ABl. 2019 L 30, 106.

32 ABl. 2007 L 171, 1, zuletzt geändert durch Verordnung (EU) 2018/ 858, ABl. 2018 L 151, 1; im Überblick dazu *Koch/Braun*, NVwZ 2010, 1271 (1276). Ergänzende Bestimmungen enthalten die bis einschließlich 31. Dezember 2021 geltende Verordnung (EG) Nr. 692/2008, ABl. 2008 L 199, 1, zuletzt geändert durch Verordnung (EU) 2018/1832, ABl. 2018 L 301, 1; sowie die Verordnung (EU) 2017/1151, ABl. 2017 L 175 1, zuletzt geändert durch Verordnung EU 2020/49, ABl. 2020 L 17, 1.

ten Fahrzeuge der Klassen M_1, M_2, N_1 und N_2 mit einer Bezugsmasse von bis zu 2.610 kg[33] Grenzwerte für die Emissionen von Kohlenmonoxid, Kohlenwasserstoffen, Nichtmethan-Kohlenwasserstoffen, Stickoxiden, die Summe von Kohlenwasserstoffen und Stickoxiden sowie Partikelmasse und -zahl als Voraussetzung für die Erteilung der EU-Typgenehmigung. Diese sind auf den Ausstoß je Kilometer bezogen und differieren teils für Selbst- und Fremdzündungsmotoren sowie innerhalb der Fahrzeugklasse N_1 nach Gewichtsgruppen. In den Geltungsbereich einbezogen sind auch mit alternativen Kraftstoffen betriebene Fahrzeuge sowie Hybridfahrzeuge. Eine Absenkung der bestehenden Grenzwerte sowie die Einbeziehung weiterer Schadstoffe ist in der Verordnung angelegt. Zugleich wird als anzuwendendes Messverfahren die Worldwide Harmonized Light-Duty Vehicles Test Procedure (WLTP) vorgegeben und ein (nur) grundsätzliches Verbot von Abschalteinrichtungen statuiert.[34] Erfasste Fahrzeuge, die die in der Richtlinie genannten Grenzwerte überschreiten, dürfen weder eine nationale Betriebserlaubnis erhalten noch in Verkehr gebracht werden.

Der zulässige CO_2-Ausstoß ist Gegenstand der Verordnung (EU) 2019/631 zur Festsetzung von CO_2-Emissionsnormen für neue Personenkraftwagen und für neue leichte Nutzfahrzeuge[35]. Ihr Geltungsbereich umfasst im Wesentlichen neue Fahrzeuge der Klassen M_1 und N_1 mit einer Bezugsmasse von höchstens 2.610 kg sowie emissionsfreie (Elektro-)Fahrzeuge der Klasse N mit einer höheren Referenzmasse, wenn die überschüssige Referenzmasse ausschließlich auf die Masse des Energiespeichersystems zurückzuführen ist. Die Verordnung normiert ausgehend von dem durch ihre Vorgängerregelungen[36] für 2020 vorgegebenen EU-weiten Flot-

33 Fakultativ: „Auf Antrag des Herstellers kann die nach dieser Verordnung erteilte Typgenehmigung für Fahrzeuge nach Abs. 1 auf Fahrzeuge der Klassen M 1, M 2, N 1 und N 2 i.S.d. Anhangs II der Richtlinie 70/156/EWG erweitert werden, deren Bezugsmasse 2840 kg nicht übersteigt und die den Bedingungen dieser Verordnung und ihrer Durchführungsmaßnahmen entsprechen."

34 Zu den damit verbundenen Fragen vor dem Hintergrund des „Dieselskandals" *Brenner*, DAR 2016, 626 ff.; *Führ*, NVwZ 2017, 265 ff.; *Führ/Below*, ZUR 2018, 259 ff.; *Weidemann*, NVwZ 2020, 9 (12 ff.).

35 ABl. 2019 L 111, 13, zuletzt geändert durch die Delegierte Verordnung (EU) 2020/22, ABl. 2020 L 8, 2.

36 Verordnung (EG) Nr. 443/2009 zur Festsetzung von Emissionsnormen für neue Personenkraftwagen im Rahmen des Gesamtkonzepts der Gemeinschaft zur Verringerung der CO_2-Emissionen von Personenkraftwagen und leichten Nutzfahrzeugen, ABl. 2009 L 140, 1, zuletzt geändert durch die Delegierte Verordnung (EU) 2018/649, ABl. 2018 L 108, 14; ergänzt durch die Verordnung (EU) Nr. 1014/2010, ABl. 2010 L 293, 15, zuletzt geändert durch die Durchführungs-VO (EU) 2017/1231, ABl. 2017 L 177, 11; Verordnung (EU) Nr. 510/2011 zur Fest-

tenzielwert von 95 g CO_2/km bzw. 147 g CO_2/km weitergehende Reduktionsziele. Diese betragen bis zum 31. Dezember 2024 weitere 10 g CO_2/km, ab 2025 hat eine weitere Verringerung um 15 % sowie ab 2030 um 37,5 % bei Personenkraftwagen sowie 31 % bei leichten Nutzfahrzeugen jeweils bezogen auf das Jahr 2021 zu erfolgen. Wie schon auf Grundlage der Vorgängerregelungen gelten dabei grundsätzlich spezifische herstellerbezogene Zielvorgaben in Abhängigkeit von der Fahrzeugmasse.[37] Emissionsüberschreitungen ziehen Abgaben mit Sanktionsfunktion nach sich.[38] Zusätzlich ist vorgesehen, dass der Anteil emissionsfreier und emissionsarmer Fahrzeuge bei Neuzulassungen ab 2025 15 %, ab 2030 bei Personenkraftwagen 35 % sowie bei leichten Nutzfahrzeugen 30 % entsprechen muss.

2. *Schwere Nutzfahrzeuge*

Für Kraftfahrzeuge der Klassen M_1, M_2, N_1 und N_2 mit einer Bezugsmasse von mehr als 2.610 kg sowie für alle Kraftfahrzeuge der Klassen M_3 und N_3 normiert die Verordnung (EG) Nr. 595/2009 über die Typgenehmigung von Kraftfahrzeugen und Motoren hinsichtlich der Emissionen von schweren Nutzfahrzeugen (Euro VI) und über den Zugang zu Fahrzeugreparatur- und -wartungsinformationen[39] Grenzwerte für die Emissionen von Kohlenmonoxid, Kohlenwasserstoffen, Nichtmethan-Kohlenwasserstoffen, Stickoxiden sowie Partikelmasse und -zahl. Diese sind generell höher als die Grenzwerte nach der Verordnung (EG) Nr. 715/2007. Zusätzlich werden Grenzwerte für den Ausstoß an Methan und Ammoniak normiert.

Die Verordnung (EU) 2019/1242 zur Festlegung von CO_2-Emissionsnormen für neue schwere Nutzfahrzeuge[40] erfasst neue Kraftfahrzeuge der

---

setzung von Emissionsnormen für neue leichte Nutzfahrzeuge im Rahmen des Gesamtkonzepts der Union zur Verringerung der CO_2-Emissionen von Personenkraftwagen und leichten Nutzfahrzeugen, ABl. 2011 L 145, 1, zuletzt geändert durch die Delegierte Verordnung (EU) 2019/ 986, ABl. 2019 L 160, 3.

37 Näher *Knauff*, in: Rodi (Hrsg.), Handbuch Klimaschutzrecht, 2021, § 31 Rn. 13 ff.

38 Dazu ergänzend Beschl. 2012/100/EU, ABl. 2012 L 47, 71; Durchführungs-Beschl. 2012/99/EU, ABl. 2012 L 47, 69. Ablehnend zur Regelungskompetenz der EU *Schmidt-Kötters/Held*, NVwZ 2009, 1390 ff.; *Shrivani*, UPR 2013, 17 ff.; a.A. *Seiler*, EuR 2010, 67 (79 ff.).

39 ABl. 2009 L 118, 1, zuletzt geändert durch Verordnung (EU) 2019/1242, ABl. 2019 L 189, 202. Konkretisierende Bestimmungen enthält die Verordnung (EU) Nr. 582/2011, ABl. 2008 L 199, 1, zuletzt geändert durch Verordnung (EU) 2020/1181, ABl. 2020 L 263, 1.

40 ABl. 2019 L 198, 202.

Klassen N_2 und N_3, bei denen es sich um Lastkraftwagen mit einer Achskonfiguration von 4x2 und einer technisch zulässigen Gesamtmasse in beladenem Zustand von mehr als 16 Tonnen, Lastkraftwagen mit einer Achskonfiguration von 6x2, Sattelzugmaschinen mit einer Achskonfiguration von 4x2 und einer technisch zulässigen Gesamtmasse in beladenem Zustand von mehr als 16 Tonnen oder Sattelzugmaschinen mit einer Achskonfiguration von 6x2 handelt. Andere Arten von schweren Nutzfahrzeugen wie kleinere Lastkraftwagen, Arbeitsfahrzeuge, Busse und Anhänger sind nicht erfasst. Die Ziele für die CO_2-Reduktion bestimmt die Verordnung nicht abstrakt – wie sie auch darüber hinaus äußerst komplex ist. Vielmehr sollen bezogen auf die im Referenzzeitraum vom 1. Juli 2019 bis zum 30. Juni 2020 ermittelten Werte ab dem Jahr 2025 15 % sowie vorbehaltlich einer anderweitigen Regelung ab 2030 30 % der CO_2-Emissionen eingespart werden. Diese Flottenziele werden wiederum durch herstellerspezifische Vorgaben konkretisiert, wobei neben Strecken auch Nutzlasten Berücksichtigung finden. Zugunsten der Hersteller findet dabei ein Faktor für emissionsfreie und emissionsarme Fahrzeuge Verwendung, der einen Anreiz zur Herstellung (auch) solcher Fahrzeuge bereits vor dem Eingreifen der Zielvorgaben für die spezifischen CO_2-Emissionen von Herstellern geben soll. Beginnend ab dem 1. Juli 2026 sieht die Verordnung jährlich die Festlegung herstellerbezogener Zielvorgaben für die spezifischen CO_2-Emissionen für den jeweils vorangegangenen Berichtszeitraum vor. Im Hinblick auf die Erreichung der Ziele werden Emissionsgut- und -lastschriften berücksichtigt. CO_2-Emissionsüberschreitungen werden mittels einer Abgabe sanktioniert.

II. Beschaffungsvorgaben

Dem Umstand, dass die öffentliche Hand selbst mit zahlreichen Kraftfahrzeugen am Verkehr teilnimmt oder darauf durch Verkehrsbestellungen im ÖPNV Einfluss nimmt, trägt die Rechtsordnung mit spezifischen Vorgaben für die Fahrzeugbeschaffung Rechnung.

1. Ausgestaltung im bisherigen Recht

Anknüpfend an die Richtlinie 2009/33/EG über die Förderung sauberer und energieeffizienter Straßenfahrzeuge[41] haben die jeweils erfassten Auftraggeber nach § 68 Abs. 1 S. 1 VgV/§ 59 Abs. 1 S. 1 SektVO Energieverbrauch und Umweltauswirkungen bei der Beschaffung[42] von Straßenfahrzeugen zu berücksichtigen. Zwingend einzubeziehen sind mindestens Energieverbrauch (Nr. 1), Kohlendioxid-Emissionen (Nr. 2), Emissionen von Stickoxiden (Nr. 3), Emissionen von Nichtmethan-Kohlenwasserstoffen (Nr. 4) und partikelförmige Abgasbestandteile (Nr. 5). Dies kann gemäß § 68 Abs. 2 VgV/§ 59 Abs. 2 SektVO alternativ[43] oder kumulativ[44] durch Vorgaben in der Leistungsbeschreibung oder im Rahmen der Bewertungsmatrix erfolgen. In Betracht kommt insoweit bei der Neufahrzeugbeschaffung vor allem die Vorgabe erst künftig allgemein geltender Euro-Normen. Bei einer Berücksichtigung von Energieverbrauch und Umweltverträglichkeit von Straßenfahrzeugen im Rahmen der Wertungskriterien entscheidet diese bei entsprechender Gewichtung über die Angebotsreihenfolge. Allerdings ist eine Mindestgewichtung der genannten Kriterien in der Bewertungsmatrix nicht normativ vorgegeben, so dass der öffentliche Auftraggeber frei darin ist, ihnen durch eine geringe Gewichtung de facto die Zuschlagsrelevanz zu nehmen.[45] Nicht vorgeschrieben ist auch, auf welche Art und Weise Energieverbrauch und Umweltverträglichkeit in die Bewertungsmatrix Eingang finden müssen. Zwar regeln sowohl das europäische als auch das nationale Recht eine finanzielle Bewertung im Detail und legen eine solche daher besonders nahe. Eine entsprechende Verpflichtung statuieren sie jedoch nicht.[46] Alternative Bewertungsmöglichkeiten sind

---

41 ABl. 2009 L 120, 5.

42 Entscheidend ist die Erlangung der Verfügungsgewalt, *Willenbruch/Nullmeier*, Energieeffizienz und Umweltschutz bei der Vergabe öffentlicher Aufträge, 2012, S. 12. Neben dem Kauf werden auch Leasing oder Miete einbezogen, *Willenbruch*, in: ders./Wieddekind (Hrsg.), Vergaberecht, 4. Aufl. 2017, § 68 VgV Rn. 3; *Schrotz/Mayer*, KommJur 2011, 81 (83).

43 *Willenbruch*, in: ders./Wieddekind (Fn. 42), § 68 VgV Rn. 1, 8.

44 Vgl. BR-Drucks. 70/11, S. 22; *Rusch*, in: Säcker (Hrsg.), Münchener Kommentar Europäisches und Deutsches Wettbewerbsrecht III, 2. Aufl. 2018, § 68 VgV Rn. 12; zu den europarechtlichen Hintergründen *Schrotz/Mayer*, KommJur 2011, 81 (84).

45 A.A. *Rusch*, in: Säcker (Fn. 44), § 68 VgV Rn. 14; für eine Gewichtung mindestens i.H.v. 10 % *Schröder*, in: Müller-Wrede (Hrsg.), VgV/UVgO, 2017, § 68 VgV Rn. 25.

46 Vgl. auch BR-Drucks. 70/11, S. 23; *Homann/Büdenbender*, VergabeR 2012, 1 (6).

daher rechtlich zulässig. Wenn Energieverbrauch und Umweltauswirkungen von Straßenfahrzeugen finanziell bewertet werden sollen, gibt § 68 Abs. 3 VgV/§ 59 Abs. 2 S. 2 f. SektVO i.V.m. den jeweiligen Anlagen 2 und 3 eine Berechnungsmethode vor. Diese ist ungeachtet der in der Literatur geäußerten Zweifel an der sachlichen Angemessenheit[47] zwingend anzuwenden.[48] Die Anlage 3 beschreibt im Detail das gebotene Vorgehen zur Bestimmung der Lebenszykluskosten unter Berücksichtigung von Energieverbrauch und Emissionen.[49]

Ausnahmen von diesen Anforderungen gelten gemäß § 68 Abs. 4 VgV nur für speziell konstruierte und gebaute Einsatzfahrzeuge der Streitkräfte, des Katastrophenschutzes, der Feuerwehr und der Polizei, soweit andernfalls eine Beeinträchtigung ihres hoheitlichen Auftrags zu besorgen wäre. Eine allgemeine Freistellung dieser Bereiche ist damit jedoch nicht verbunden.[50]

2. *Richtlinie 2009/33/EG n.F. und Saubere-Fahrzeuge-Beschaffungs-Gesetz*

Im Juni 2019 wurde die Richtlinie 2009/33/EG in „Richtlinie über die Förderung sauberer Straßenfahrzeuge zur Unterstützung einer emissionsarmen Mobilität“ umbenannt und grundlegend geändert.[51] Nach Art. 1 Richtlinie 2009/33/EG „haben die Mitgliedstaaten sicherzustellen, dass öffentliche Auftraggeber und Auftraggeber dazu verpflichtet sind, beim Kauf bestimmter Straßenfahrzeuge die Energie- und Umweltauswirkungen, einschließlich des Energieverbrauchs, der CO_2-Emissionen und bestimmter Schadstoffemissionen während der gesamten Lebensdauer, zu berücksichtigen, um den Markt für saubere und energieeffiziente Fahrzeuge zu fördern und zu beleben und den Beitrag des Verkehrssektors zur Umwelt-, Klima- und Energiepolitik der Europäischen Union zu verbessern.“ Die wesentliche Neuerung des Regelungsgehalts der geänderten Richtlinie liegt in der Ersetzung des bisherigen Regelungsmodells durch eine Verbindung von quantitativen und zeitlichen Vorgaben. Art. 5 Abs. 1 Richtlinie

---

47 Siehe die ausführliche Kritik bei *Fandrey*, in: Kulatz/Kus/Marx/Portz/Prieß (Hrsg.), VgV, 2017, § 68 Rn. 28 ff.

48 *Homann/Büdenbender*, VergabeR 2012, 1 (6 f.).

49 Berechnungsbeispiel in der Begründung zur Verordnung zur Änderung der Vergabeverordnung sowie der Sektorenverordnung, BGBl. 2011 I, S. 800.

50 Näher *Knauff*, in: Burgi/Dreher (Hrsg.), Beck'scher Vergaberechtskommentar II, 3. Aufl. 2019, § 68 VgV Rn. 27 ff.

51 Richtlinie (EU) 2019/1161, ABl. 2019 L 188, 116.

2009/33/EG statuiert Mindestziele für die öffentliche Auftragsvergabe. Danach haben die Mitgliedstaaten sicherzustellen, „dass die Beschaffung von Fahrzeugen und [erfassten Verkehrs-]Dienstleistungen … den Mindestzielen für die öffentliche Auftragsvergabe entspricht, die für saubere leichte Nutzfahrzeuge in Tabelle 3 des Anhangs und in Bezug auf saubere schwere Nutzfahrzeuge in Tabelle 4 des Anhangs festgelegt sind. Diese Ziele werden ausgedrückt als Mindestprozentsatz sauberer Fahrzeuge an der Gesamtzahl der Straßenfahrzeuge, die insgesamt unter alle in Artikel 3 genannten Verträge fallen, die zwischen dem 2. August 2021 und dem 31. Dezember 2025 für den ersten Bezugszeitraum und zwischen dem 1. Januar 2026 und dem 31. Dezember 2030 für den zweiten Bezugszeitraum vergeben wurden.“ Als sauber gelten nach Art. 4 lit. a i.V.m. Tabelle 2 des Anhangs bis zum 31. Dezember 2025 Fahrzeuge der Klassen M_1, M_2 und N_1 mit einem CO_2-Ausstoß von nicht mehr als 50g/km und 80 % der maximal zulässigen Luftschadstoffemissionen im praktischen Fahrbetrieb. Für den Folgezeitraum wird der zulässige CO_2-Ausstoß auf 0 g/km gesenkt. Fahrzeuge der Klassen M_3, N_2 oder N_3 werden grundsätzlich als sauber qualifiziert, wenn sie mit alternativen, nicht erdölbasierten Kraftstoffen betrieben werden. Für Deutschland beträgt die Vorgabe für leichte Nutzfahrzeuge gleichbleibend 38,5 %. Für Busse beträgt sie 45 % für den ersten und 65 % für den zweiten Bezugszeitraum, wobei „[d]ie Hälfte des Mindestziels für den Anteil sauberer Busse … durch die Beschaffung von emissionsfreien Bussen im Sinne von Artikel 4 Nummer 5 erfüllt werden [muss]. Diese Anforderung wird für den ersten Bezugszeitraum auf ein Viertel des Mindestziels gesenkt, wenn mehr als 80 % aller Busse, die unter die in Artikel 3 genannten in diesem Zeitraum in einem Mitgliedstaat vergebenen Aufträge fallen, Doppeldeckerbusse sind.“ Als emissionsfrei gilt nach Art. 4 Abs. 5 Richtlinie 2009/33/EG „ein sauberes Fahrzeug … ohne Verbrennungsmotor oder mit einem Verbrennungsmotor, der weniger als 1 g CO_2/kWh … ausstößt.“ Erfasst werden mithin im Wesentlichen Elektrofahrzeuge. Weniger anspruchsvoll sind die Vorgaben für Lkw der Klassen N_2 und N_3. Diesbezüglich ist ein Anteil sauberer Fahrzeuge von 10 bzw. 15 % zu erreichen.

Das Gesetz über die Beschaffung sauberer Straßenfahrzeuge (Saubere-Fahrzeuge-Beschaffungs-Gesetz – SaubFahrzeugBeschG)[52] überträgt diese Vorgaben in das nationale Recht, ohne jedoch die erforderlichen Konkretisierungen vorzunehmen. Vielmehr verpflichtet § 7 Abs. 1 S. 1 SaubFahrzeugBeschG den „Bund und die Länder … in ihrem jeweiligen Zuständig-

---

52 BGBl. 2021 I, S. 1691.

keitsbereich sicher[zustellen], dass die öffentlichen Auftraggeber und die Sektorenauftraggeber insgesamt die Mindestziele für die Beschaffung von Fahrzeugen und Dienstleistungen einhalten." Hierzu können auch Vereinbarungen mit den jeweiligen Branchenverbänden genutzt werden. Im Einzelnen bleibt jedoch vieles offen.

D. Förderung der Elektromobilität

Der Übergang zur Elektromobilität ist ein wesentlicher Aspekt der Verkehrswende. Das geltende Recht statuiert diesbezüglich sowohl fahrzeug- als auch infrastrukturbezogene Vorgaben, welche die vorstehend dargestellten CO_2-bezogenen Zulassungs- und Beschaffungsregeln ergänzen.[53]

I. Fahrzeugbezogene Regelungen

Jenseits der Verordnung über die Teilnahme von Elektrokleinstfahrzeugen am Straßenverkehr (Elektrokleinstfahrzeuge-Verordnung – eKFV), die sogenannten E-Scootern/E-Tretrollern die Teilnahme am Straßenverkehr unter Nutzung von Radverkehrsinfrastruktur und unter bestimmten Umständen auf Fahrbahnen ermöglicht,[54] beziehen sich die einschlägigen Bestimmungen für Fahrzeuge auf elektrisch angetriebene Automobile. Das Gesetz zur Bevorrechtigung der Verwendung elektrisch betriebener Fahrzeuge (Elektromobilitätsgesetz – EmoG) erfasst Kraftfahrzeuge der Klassen M_1 und N_1 (sowie der Klasse N_2, soweit sie im Inland mit Fahrerlaubnis Klasse B geführt werden dürfen) im Sinne des Anhangs II Teil A der Richtlinie 2007/46/EG[55] sowie zwei-, drei- und vierrädrige Leichtfahrzeuge mit unterschiedlichen Unterklassen (Klassen L3e, L4e, L5e und L7e im Sinne des Anhangs I der Verordnung (EU) 168/2013[56]), zu denen unterschiedliche Fahrzeugtypen wie E-Bikes, Quads und Leicht-Pkw bis zu 45 km/h zählen. Für rein batterieelektrisch betriebene Fahrzeuge und Brennstoffzellenfahrzeuge sowie Hybridelektrofahrzeuge, deren CO_2-Emission je gefahrenem Kilometer bei höchstens 50 Gramm liegt oder

53 Näher *Knauff/Pfeifer*, in: Rodi (Fn. 37), § 32.
54 Zu den Auswirkungen https://www.umweltbundesamt.de/themen/verkehr-laerm/nachhaltige-mobilitaet/e-scooter#aktuelles-fazit-des-uba.
55 ABl. 2007 L 263, 1.
56 ABl. 2013 L 60, 52.

die eine batterieelektrische Reichweite von mindestens 40 km aufweisen, können Bevorrechtigungen vorgesehen werden für das Parken auf öffentlichen Straßen oder Wegen, bei der Nutzung von für spezifische Zwecke bestimmten öffentlichen Straßen oder Wegen oder Teilen von diesen, durch das Zulassen von Ausnahmen von Zufahrtsbeschränkungen oder Durchfahrtsverboten sowie im Hinblick auf das Erheben von Gebühren für das Parken auf öffentlichen Straßen oder Wegen. Im Einzelfall können sie auf Grundlage der einschlägigen Bestimmungen der StVO[57] durch die Straßenverkehrsbehörden angeordnet werden.

Hinzu treten finanziell wirksame Maßnahmen zur Förderung der Elektromobilität. Diese sind zumeist als Anreize ausgestaltet und wirken damit als Pull-Faktoren. § 3d KraftStG normiert eine Befreiung von der Kfz-Steuer für zehn Jahre – jedoch maximal bis zum 31. Dezember 2030 – von batterieelektrischen Fahrzeugen, die vor dem 31. Dezember 2025 zugelassen wurden und werden. Gemäß § 6 Nr. 4 EStG werden Dienst-Elektro- und -Plug-In-Hybridfahrzeuge nur mit 0,5 Prozent des Listenpreises versteuert. Praktisch bedeutsam sind auch die Erwerbszuschüsse des Bundes gemäß der Richtlinie zur Förderung des Absatzes von elektrisch betriebenen Fahrzeugen (Umweltbonus). Gleichsam verstärkend im Sinne einer Push-Wirkung tritt die Einbeziehung konventioneller Kraftstoffe in das Gesetz über einen nationalen Zertifikatehandel für Brennstoffemissionen (Brennstoffemissionshandelsgesetz – BEHG) hinzu.

II. Infrastrukturbezogene Vorgaben

Als wesentliches Hindernis für die Durchsetzung der Elektromobilität hat sich die unzureichende Ladeinfrastruktur erwiesen. Mehrere neuere Rechtsakte sollen dem abhelfen. Zu unterscheiden sind Regelungen, die einen Bezug zu Gebäuden und deren Nutzung aufweisen und solche, die eine allgemein zugängliche Ladeinfrastruktur betreffen.

---

57 § 13 Abs. 5 StVO: Option für E-Fahrzeugführer, Einrichtungen zur Überwachung der Parkzeit bei entsprechender Anordnung nicht zu betätigen; § 39 Abs. 10 StVO: Neues Sinnbild „Elektrofahrzeug", § 45 Abs. 1g StVO: Befugnis der Straßenverkehrsbehörden zu Bevorrechtigungs-Anordnungen; § 45 Abs. 10 StVO: Ausnahme von Abs. 9; § 46 Abs. 1a StVO: Ausnahmen von Verkehrsbeschränkungen, Verkehrsverboten oder Verkehrsumleitungen sowie Benutzung von Busspuren; bevorrechtigende Zusatzzeichen zu Zeichen 245, 250, 251, 253, 255, 260, 286, 290.1, 314, 314.1, 315, 318.

1. *Ladeinfrastruktur in und an Gebäuden*

Anknüpfend an Art. 8 Abs. 2 bis 6 Richtlinie 2010/31/EU über die Gesamtenergieeffizienz von Gebäuden[58] zielt das Gesetz zum Aufbau einer gebäudeintegrierten Lade- und Leitungsinfrastruktur für die Elektromobilität (Gebäude-Elektromobilitätsinfrastruktur-Gesetz – GEIG) auf die Verbesserung der Lademöglichkeiten für Elektrofahrzeuge zu Hause und am Arbeitsplatz ab. Im Zentrum des GEIG steht die Verpflichtung zur Schaffung von Ladeinfrastruktur für Elektromobile in oder an Gebäuden. Bei neuen Wohngebäuden mit mehr als fünf Stellplätzen ist jeder davon mit Leitungsinfrastruktur für die Elektromobilität auszustatten. Verfügt ein neues Nichtwohngebäude – sofern es nicht der Ausnahme vom Anwendungsbereich des GEIG für im Eigentum von kleinen und mittleren Unternehmen befindlichen und überwiegend von diesen selbst genutzten Gebäuden unterfällt – über mehr als sechs Stellplätze, muss mindestens jeder dritte Stellplatz mit der Leitungsinfrastruktur ausgestattet und zusätzlich mindestens ein Ladepunkt errichtet werden. Bei größeren Renovierungen sind Bestandswohngebäude mit mehr als zehn Stellplätzen mit Leitungsinfrastruktur an jedem Stellplatz auszustatten, handelt es sich um entsprechende Nichtwohngebäude, muss mindestens jeder fünfte Stellplatz mit der Leitungsinfrastruktur ausgestattet und zusätzlich mindestens ein Ladepunkt errichtet werden. Unabhängig von Renovierungsmaßnahmen sind darüber hinaus ab dem 1.1.2025 alle Nichtwohngebäude mit mehr als 20 Stellplätzen mit mindestens einem Ladepunkt auszustatten.

Des Weiteren kann nach § 20 Abs. 2 S. 1 Nr. 2 WEG jeder Wohnungseigentümer gegenüber der Wohnungseigentümergemeinschaft bauliche Veränderungen verlangen, die dem Laden von Elektrofahrzeugen dienen. Hierfür trägt er gemäß § 21 Abs. 1 WEG die Kosten und darf die Nutzungen ziehen. Auf den weiterhin erforderlichen Beschluss der Versammlung der Wohnungseigentümer besteht ein Anspruch.[59]

Einen entsprechenden Anspruch begründet § 554 Abs. 1 BGB grundsätzlich auch zugunsten von Mietern gegenüber Vermietern. Er besteht jedoch „nicht, wenn die bauliche Veränderung dem Vermieter auch unter Würdigung der Interessen des Mieters nicht zugemutet werden kann.“ Eine Übernahme der Kosten durch den Vermieter ist nicht vorgesehen. Bei

58 ABl. 2010 L 153, 13, zuletzt geändert durch Verordnung (EU) 2018/1999, ABl. 2018 L 328, 1.

59 Im Einzelnen dazu *Elzer*, in: Hogenschurz (Hrsg.), BeckOK WEG, Stand 4/2021, § 20 Rn. 71 ff.

Ende des Mietverhältnisses gelten mangels spezifischer Regelungen die allgemeinen Bestimmungen, aus denen eine Verpflichtung des Mieters zum Rückbau baulicher Veränderungen folgt.[60]

2. *Öffentlich zugängliche Ladeinfrastruktur*

Die öffentlich zugängliche Ladeinfrastruktur wird bislang ausschließlich durch die Verordnung über technische Mindestanforderungen an den sicheren und interoperablen Aufbau und Betrieb von öffentlich zugänglichen Ladepunkten für Elektromobile (Ladesäulenverordnung – LSV) geregelt. Die LSV unterschiedet zwischen Normal- und Schnellladepunkten und regelt insoweit technische Fragen, insbesondere Mindestanforderungen an die technische Sicherheit und Interoperabilität und die Ermöglichung des punktuellen Aufladens (ohne vorherigen Abschluss eines längerfristigen Vertragsverhältnisses für den Ladestrombezug).

Auf den Ausbau der öffentlich zugänglichen Ladeinfrastruktur zielt dagegen das im Mai 2021 verabschiedete Gesetz über die Bereitstellung flächendeckender Schnellladeinfrastruktur für reine Batterieelektrofahrzeuge (Schnellladegesetz – SchnellLG) ab. Dieses gestaltet Rahmenbedingungen und Ausführungsvorschriften für den Ausbau eines deutschlandweit flächendeckenden Schnellladenetzes aus. Ohne dass dies im Gesetz einen Niederschlag gefunden hätte, sollen damit der Aufbau und Betrieb von zunächst 1.000 Schnellladepunkten[61] ermöglicht werden. Es ist sicherzustellen, dass die Stromversorgung der E-Fahrzeuge mit erneuerbaren Energien erfolgt. Die Schnellladepunkte sollen während eines bestimmten Zeitraums nach Durchführung europaweiter Vergabeverfahren durch private Auftragnehmer betrieben werden. Indem das Gesetze die „Sicherstellung der Gewährleistung einer flächendeckenden, bedarfsgerechten Bereitstellung eines öffentlich zugänglichen Infrastrukturnetzes“[62] für die Elektromobilität und konkret die „praktisch handhabbare Umsetzung des koordinierten flächendeckenden Aufbaus der Schnellladeinfrastruktur … vor dem Hintergrund der nationalen Klimaschutzziele [als] wichtiges Gemeinschaftsgut“[63] qualifiziert, weist es dem Staat eine aktive Rolle bei der Gestaltung des Übergangs zur Elektromobilität zu.

---

60 Näher *Dötsch*, ZWE 2020, 215 (224 f.); *Rolfs*, NZM 2020, 902 (908).

61 Pressemitteilung des BMVI v. 10.2.2021 Nr. 017/2021 (https://www.bmvi.de/SharedDocs/DE/Pressemitteilungen/2021/017-scheuer-schnellladegesetz.html).

62 BT-Drucks. 19/28184, S. 13.

63 BT-Drucks. 19/28184, S. 25.

E. Alternativen zum MIV

Ein wesentlicher Bestandteil der Verkehrswende ist die Zurückdrängung des MIV. Auch diesbezüglich enthält das geltende Recht bereits verschiedene Ansatzpunkte.

I. Normative Bekenntnisse zum ÖPNV

An Bekenntnissen zum ÖPNV als besserer Alternative zum MIV herrscht kein Mangel. Dies gilt auch für die Rechtsordnung. Exemplarisch verwiesen sei auf § 2 Abs. 1 ThürÖPNVG. Danach ist der „ÖPNV ... eine Aufgabe der Daseinsvorsorge. Er soll im Interesse der Herstellung und Sicherung gleichwertiger Lebensbedingungen, der Verkehrssicherheit und des Umweltschutzes unter Beachtung des Grundsatzes der Wirtschaftlichkeit und Sozialverträglichkeit eine attraktive Alternative zum motorisierten Individualverkehr darstellen und damit einen weiteren Anstieg des motorisierten Individualverkehrs insbesondere in und zwischen den Verdichtungsräumen verhindern. Beim Neu- und Ausbau der Verkehrsinfrastruktur soll dem ÖPNV in Verdichtungsräumen Vorrang vor dem motorisierten Individualverkehr eingeräumt werden." Korrespondierend damit sieht § 2 Abs. 4 ThürÖPNVG vor, dass „[z]ur Förderung der Inanspruchnahme des ÖPNV ... an Haltestellen außerhalb der Stadtkerne und an Bahnhöfen ausreichend Abstellmöglichkeiten für Fahrräder und Kraftfahrzeuge geschaffen werden [sollen]. Insbesondere in Verdichtungsräumen und Tourismusregionen soll der Übergang auf den ÖPNV durch Verkehrsleitsysteme unterstützt werden." Die Auswirkungen derartiger Regelungen auf die Verkehrspraxis sind freilich überschaubar.

II. On demand-Verkehre

Neben den überkommenen Formen flexibler öffentlich zugänglicher Verkehre in Form von Rufbussen und Sammeltaxen, vgl. § 2 Abs. 6 ThürÖPNVG, haben nicht zuletzt aufgrund neuer technischer Möglichkeiten in den letzten Jahren on demand-Verkehre an Bedeutung gewonnen und zu Rechtsstreitigkeiten geführt.[64] Mit der PBefG-Novelle 2021 wurden die Regelungen über die Zulassung atypischer und experimenteller Verkehre in § 2 Abs. 6 und 7 PBefG durch zwei neue Verkehrsformen ergänzt. § 44 PBefG führt mit dem Linienbedarfsverkehr eine spezifische Ausprägung des Linienverkehrs im ÖPNV ein. Dabei handelt es sich um einen „Verkehr, der der Beförderung von Fahrgästen auf vorherige Bestellung ohne festen Linienweg zwischen bestimmten Einstiegs- und Ausstiegspunkten innerhalb eines festgelegten Gebietes und festgelegter Bedienzeiten dient". Als neue Form des Gelegenheitsverkehrs wurde in § 50 PBefG der gebündelte Bedarfsverkehr eingeführt. Dabei handelt es sich um „die Beförderung von Personen mit Personenkraftwagen, bei der mehrere Beförderungsaufträge entlang ähnlicher Wegstrecken gebündelt ausgeführt werden. Der Unternehmer darf die Aufträge ausschließlich auf vorherige Bestellung ausführen." Das Gesetz formuliert hieran zahlreiche spezifische Anforderungen und ermächtigt die Genehmigungsbehörden zum Erlass weitergehender Regelungen.

Ob diese Verkehrsarten einen praktischen Beitrag zur Zurückdrängung des MIV leisten können, bleibt abzuwarten. Jedenfalls ist sicherzustellen, dass sich ihre Durchsetzung in der Praxis nicht zu Lasten des herkömmlichen ÖPNV auswirkt, da sie andernfalls nicht Teil der Verkehrswende, sondern Teil der mit dieser zu überwindenden Verkehrsprobleme würden.

III. Carsharing

Das im Jahr 2017 erlassene Gesetz zur Bevorrechtigung des Carsharing (CsgG)[65] zielt ausweislich seines § 1 darauf ab, „Maßnahmen zur Bevorrechtigung des Carsharing [zu ermöglichen], um die Verwendung von Carsharingfahrzeugen im Rahmen stationsunabhängiger oder stationsbasierter Angebotsmodelle zur Verringerung insbesondere klima- und umweltschädlicher Auswirkungen des motorisierten Individualverkehrs zu fördern."[66] Es ermöglicht Privilegierungen für Carsharingfahrzeuge ähn-

---

64 Vgl. EuGH, GewArch 2018, 105 – Asociación Profesional Elite Taxi/Uber Systems Spain SL; OVG Hamburg, GewArch 2019, 353; siehe auch *Baumeister/Fiedler*, Verkehr und Technik 2019, 1 ff.

65 Zu den landesrechtlichen Regelungen für nicht dem CsgG unterfallende Straßennutzungen im Überblick *Wüstenberg*, GewArch 2019, 409 (413); siehe auch *Ringwald*, ZUR 2019, 659 (662 f.).

66 Kritisch zur Erreichbarkeit des Ziels *Wüstenberg*, GewArch 2019, 409 (410); positiver *Kluth*, LKV 2018, 112 (113).

lich denjenigen für Elektrofahrzeuge. Namentlich sind Parkbevorrechtigungen und Gebührenerleichterungen möglich. Dabei besteht zwar keine Begrenzung auf Elektromobile. Jedoch sind im Hinblick auf Ausschreibungsverfahren für die gewerbliche Nutzung von öffentlichem Straßenraum durch Carsharinganbieter durch Verordnung festzulegende Eignungskriterien der angebotenen Carsharing-Modelle vorgesehen. Die einschlägige Verordnungsermächtigung nimmt dabei explizit Bezug auf deren Fähigkeit, „durch die von dem jeweiligen Carsharinganbieter angebotene Leistung ... zur Entlastung von straßenverkehrsbedingten Luftschadstoffen, insbesondere durch das Vorhalten elektrisch betriebener Fahrzeuge im Sinne des Elektromobilitätsgesetzes ... beizutragen." Die bis zum Erlass einer solchen Verordnung maßgeblichen Eignungskriterien enthalten unter anderem Angaben zur Art der Stromversorgung an Ladestationen für E-Carsharing-Fahrzeuge und die Herkunft der bezogenen Elektrizität.

IV. Rad- und Fußverkehr

Dem Rad- und Fußverkehr kommt im Konzept der Verkehrswende eine hohe Bedeutung zu. Diese schlägt sich bislang allenfalls punktuell in der Rechtsordnung nieder. Als überkommene straßen- und straßenverkehrsrechtliche Gestaltungsmöglichkeiten sind Radwege, Fußgängerzonen und verkehrsberuhigte Bereiche vorgesehen.

Darüber hinaus geht das Berliner Mobilitätsgesetz (2018), das die Entwicklung des Rad- wie auch des Fußverkehrs in eigenen Abschnitten ausgestaltet. Regelungsgegenstände sind dabei Planung, Infrastruktur und Sicherheit. Vergleichbare Regelungen auf Bundesebene oder in anderen Ländern sind nicht ersichtlich.

F. Fazit

Die Verkehrswende ist zweifellos mehr als ein politischer Kampfbegriff – und zugleich in der Rechtsordnung „angekommen". Gleichwohl lässt sich das verkehrsbezogene Recht in seiner Gesamtheit keineswegs als „Verkehrswenderecht" qualifizieren. Vielmehr werden überkommene Regelungen zum einen ergänzt, zum anderen durch ökologisch anspruchsvollere Vorgaben ersetzt. Insoweit erweist sich die Verkehrswende eher als langsames Umsteuern denn als abrupte Wende. Die Öffnung für Neues ist dabei vom Gedanken der Modernität mindestens ebenso getragen wie von ökologischen Erwägungen.

Mangels Ausrichtung des Rechts auf die Verkehrswende über das Ziel der Dekarbonisierung des Kraftverkehrs hinaus obliegt es vor allem Kommunen, Verkehrsunternehmen und Bürgern, die Möglichkeiten des bestehenden Rechtsrahmens im Sinne einer klimaverträglichen Verkehrspraxis zu nutzen. Hierzu bedarf es Kreativität, Mut und Augenmaß. Gleiches gilt für die künftige Gesetzgebung, die zudem eine konzeptionelle Vorstellung entwickeln muss, wie der Verkehr der Zukunft unter Berücksichtigung verfassungs- und europarechtlicher Vorgaben ökologisch, sozial und unter Ausbalancierung von staatlicher Steuerung und Marktkräften ausgestaltet werden soll.[67]

---

67 Näher *Knauff*, Die Verwaltung 53 (2020), S. 347 (355 ff.).

Drittnutzerfinanzierter ÖPNV

Dr. Oliver Wittig[*]

A. Einleitung

In vielen Bereichen werden erhebliche Fortschritte bei der Erreichung der Klimaziele gemacht – nicht jedoch im Verkehr. Trotz erheblicher Anstrengungen der Verkehrsunternehmen und der Aufgabenträger hat sich die Nachfrage nach Verkehrsdienstleistungen seit 2008 lediglich um 8,4 % erhöht.[1] Je Fahrt zahlt der Fahrgast im Schnitt 1,11 Euro, während die öffentliche Hand jede Fahrt im Schnitt mit 0,82 Euro subventioniert.[2]

Hinzu kommen aus Luftreinhaltegründen Fahrverbote[3] für bestimmte Fahrzeuge in Ballungszentren, die die Mobilität einschränken. Ein ertüchtigtes, attraktives ÖPNV-Angebot soll dazu beitragen, weitere Fahrverbote zu verhindern.

Die Politik und die ÖPNV-Branche sind sich einig – die Klimaschutzziele sind nur mit massivem ÖPNV-Ausbau erreichbar. Dies wird mit dem Begriff der „Verkehrswende" beschrieben. Baden-Württemberg plant hierfür den Ausbau des ÖPNV um 100 %.

Wird aber der ÖPNV entscheidend ausgebaut, entstehen deutlich höhere Kosten. Es ist davon auszugehen, dass auch in Zukunft der Fahrgast die Fahrten nicht vollständig zahlen wird – das ÖPNV-Defizit wird daher ansteigen.

Hinzu kommen weitere normative Vorgaben wie die „clean vehicles directive"[4]. Es wird davon ausgegangen, dass der Investitionsbedarf bei der Umstellung von einer Dieselflotte auf eine E-Busflotte sich etwa um

---

* Der Verfasser ist Rechtsanwalt bei EY Law in Mannheim.

1 https://de.statista.com/statistik/daten/studie/12556/umfrage/befoerderte-personen-im-liniennahverkehr-in-deutschland/, abgerufen am 29. Juni 2020.

2 VDV-Erhebungen.

3 Aufgrund der Corona-Maßnahmen ist nach einer Umfrage des ARD-Politmagazins Kontraste von einem Rückgang der NO_2-Werte von etwa 30% auszugehen, siehe https://www.autozeitung.de/grossstaedte-diesel-fahrverbot-131634.html, abgerufen am 29. Juni 2020.

4 Richtlinie (EU) 2019/1161.

das Dreifache[5] erhöht. Bislang erfolgt die Finanzierung des kommunalen Stadtverkehrs häufig über eine aufgrund des steuerlichen Querverbundes steueroptimierte Verwendung der Erträge der Energiesparte. Diese Querfinanzierung des kommunalen ÖPNV gerät durch sinkende Einnahmen aus der energiewirtschaftlichen Betätigung, aber auch durch Angriffe auf den steuerlichen Querverbund an sich in Gefahr.

Alle Faktoren führen zu der Notwendigkeit des Netzausbaus, höheren Kosten und letztlich zur Notwendigkeit der Überprüfung der bisherigen Finanzierungsmethoden. In der Folge werden einige Lösungsansätze, die teilweise im Ausland schon praktiziert werden, auf ihre Übertragbarkeit in das deutsche Rechtssystem überprüft.

B. Lösungsansätze: Ein Überblick

Die Finanzierung des ÖPNV gründet derzeit insbesondere auf zwei Säulen – der Finanzierung aus Fahrgelderlösen sowie Zuschüssen auf Bundes-, Landes- und kommunaler Ebene. Bei den meisten derzeit angedachten Finanzierungsmodellen, ist – als eine Art dritte Säule – eine stärkere Einbindung der Bürger beabsichtigt.

Hierfür bestehen bereits auf Basis der geltenden Rechtslage eine Reihe von Möglichkeiten. Diese sind beispielsweise:

- ÖPNV-Fonds
- Parkraummanagement / -bewirtschaftung / -überwachung
- Bedeutung der gebührenpflichtigen Parkraumangebote erhöhen
- Beschränkung der (unentgeltlichen) Parkmöglichkeit auf bestimmte Nutzergruppen (Anwohnerparken)
- „Gäste-Steuer“ / Bettensteuer
- Solidarmodelle
- Städtebauliche Verträge
- ÖPP-Modelle.

Von diesen Möglichkeiten zu unterscheiden sind die Modelle, die lediglich auf Basis einer Gesetzesänderung möglich sind. In der Umsetzung erschwert sind die Finanzierungsansätze, die zwangsläufig eine bundesge-

5 Erste Abschätzung betroffener Verkehrsunternehmen bei Unterstellung einer mittleren Flottengröße von 115 Fahrzeugen, davon 2/3 Gelenkbusse, Beschaffungskosten E-Bus 480.000 Euro (Solobus) und 700.000 Euro (Gelenkbus); Austausch des Batteriesatzes nach 6 Jahren angenommen.

setzliche Änderung benötigen. Einfacher können die Modelle umgesetzt werden, bei denen „nur" eine landesgesetzliche Änderung erforderlich ist.

Das „Französische Modell" einer Arbeitgeber–Nahverkehrsabgabe sowie das ähnliche „Wiener Modell" ist nach überschlägiger Einschätzung rechtlich komplexer in der Umsetzung als die unten dargestellten Modelle. Allerdings dürfte auch eine Arbeitgeber-Nahverkehrsabgabe als Beitrag ausgestaltet werden können, da grundsätzlich, bei ausreichender verkehrlicher Erschließung sowie der Zurverfügungstellung von ermäßigten Fahrscheinen durch den Arbeitgeber, eine „potenzielle Gegenleistung" festzustellen ist. Als „alternative Arbeitgeberabgabe" könnten die bereits bekannten „Jobtickets" ausgeweitet werden. Unproblematisch kann dies auf freiwilliger Basis forciert werden. Denkbar wäre auch, dass Arbeitgeber auf der Grundlage eines „kommunalen Anschlusszwangs" dazu verpflichtet werden, die Arbeitsstelle an den ÖPNV anzuschließen und Arbeitnehmern ein Jobticket zur Verfügung stellen zu müssen. Eine entsprechende Verpflichtung zur Einführung der Jobtickets ist finanzverfassungsrechtlich jedoch problematisch.

Es sind aber noch eine Reihe weiterer Finanzierungsoptionen für den ÖPNV denkbar. Diese sind:

- Bürgerticket (wird im Anschluss detailliert geprüft)
- City-Maut (wird im Anschluss detailliert geprüft)
- Kfz-Halter-Abgabe (wird im Anschluss detailliert geprüft)
- Stellplatzablöse (auf Basis der (ggf. geänderten) Bauordnung wird statt Stellplatzerrichtung eine Ablösezahlung vorgesehen)
- ÖPNV-Erschließungsbeiträge (analog Straßenbaukosten wird auf Basis der (ggf. geänderten) Bauordnung ein einmaliger, ggf. ein wiederkehrender ÖPNV-Erschließungsbeitrag verlangt)
- ÖPNV-Grundgebühr (analog Abfall, Abwasser wird eine Gebühr für die Bereitstellung der ÖPNV-Infrastruktur erhoben)
- Umweltverbundgebühr (ähnlich dem Bürgerticket wird eine verpflichtende Abgabe verlangt, die aber nicht nur für den ÖPNV, sondern für den Umweltverbund eingesetzt wird)
- Einzelhandels-Nahverkehrssonderabgabe (anknüpfend an die Verkehrsverursachung wird vom Einzelhandel eine Abgabe erhoben, die dem ÖPNV zugutekommt)
- Verpflichtendes Einzelhandels-Gutscheinmodell (Einzelhändler werden verpflichtet, den Kunden die Kosten der ÖPNV-Nutzung (ggf. anteilig) zu erstatten oder einen entsprechenden Betrag auf ein ÖPNV-Guthabenkonto zu zahlen)

- Veranstalter-Nahverkehrssonderabgabe (von Veranstaltern von Großveranstaltungen wird eine Abgabe erhoben, die dem ÖPNV zugutekommt).
- Verpflichtendes Kombiticket (Betreiber von verkehrsverursachenden Einrichtungen (Fußballstadien, Flughäfen, Konzerthallen) werden verpflichtet, mit der Hauptleistung dem Käufer ein ÖPNV-Ticket zur Verfügung zu stellen).
- Transport-Development-Districts (Grundstückseigentümer/Gewerbetreibende in einem bestimmten Gebiet können in privater Initiative über qualifizierte Mehrheitsbeschlüsse eine Umlage beschließen, über die Maßnahmen zur Verbesserung des ÖPNV finanziert werden).
- Gleichbehandlungsgebot Arbeitgeber (Arbeitgeber, die Mitarbeitern Parkraum zur Verfügung stellen, werden gesetzlich verpflichtet, alternativ zu denselben Konditionen ÖPNV-Tickets zur Verfügung zu stellen).
- Kommunale Parkplatzsteuer / Stellplatzvermietung (Auf das Mieten von Parkplätzen (z.B. in Parkhäusern oder gebührenpflichtigen Parkplätzen) erhebt die Kommune eine örtliche Aufwandssteuer).

Letztlich gilt, dass alle neuen Abgaben (Gebühren und Beiträge) und Steuern einer Änderung der bestehenden Gesetze bzw. möglicherweise der Verfassung der Bundesrepublik Deutschland bedürfen. Das rührt daher, dass Abgaben in Grundrechte von Individuen und Unternehmen eingreifen und daher grundsätzlich einer gesetzlich legitimierten Ermächtigungsgrundlage bedürfen. Die bisherigen Steuer- und Abgabengesetze enthalten keine hinreichenden Ermächtigungen für die oben aufgeführten Finanzierungsoptionen zugunsten des ÖPNV und ÖSPV.

Wir gehen nachfolgend intensiv auf drei Modelle ein, um beispielhaft die Umsetzungsmöglichkeiten in nationales Recht darzustellen. Diese drei Modelle sind das „Bürgerticket", die „Kfz-Halter-Abgabe" und die „City-Maut".

C. Das Bürgerticket

Im Rahmen des Bürgertickets sollen Einwohner/Bürger einer Kommune (ggf. differenziert nach Alter, Erwerbstätigkeit oder Haushaltsgröße) verpflichtend eine monatliche Abgabe abführen. Im Gegenzug dürfen diese Bürger den ÖPNV in einem definierten Gebiet und/oder definierten (zeitlichen) Umfang vergünstigt oder ohne weitere Kosten nutzen. Den

Bürgern wird somit ein „Mobilitätsguthaben“[6] eingeräumt, welches für die ÖPNV-Nutzung eingesetzt werden kann.

I. Finanzverfassungsrechtliche Einordnung

1. Gesetzgebungskompetenz

Für die Einführung eines Bürgertickets liegt keine ausschließliche Gesetzgebungskompetenz des Bundes vor. Aufgrund fehlender bundesrechtlicher Regelungen (und der Nichterfüllung der Erforderlichkeitsklausel des Art. 72 Abs. 2 GG) sind die Länder für die Einführung eines Bürgertickets gem. Art. 30, 70 GG zur Gesetzgebung befugt.

2. Abgabenarten

Geldleistungspflichten an den Staat werden durch die finanzverfassungsrechtliche Ordnung in Steuern und nicht-steuerliche Abgaben unterteilt. Diese wiederum unterteilen sich in Gebühren, Beiträge und Sonderabgaben. Die nachfolgende Abbildung zeigt, vereinfacht dargestellt, die Kategorien öffentlich-rechtlicher Lasten auf:

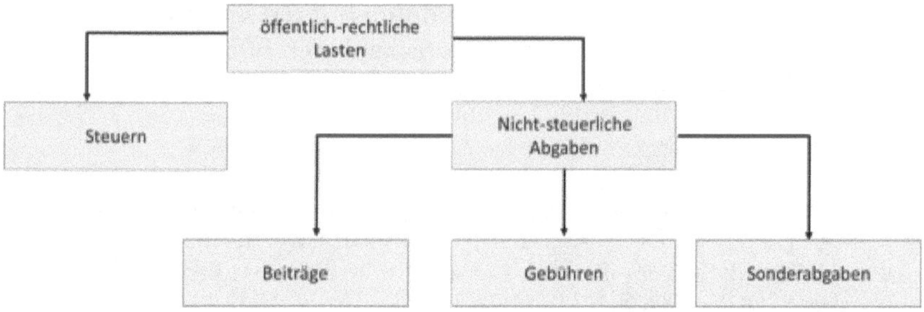

Für die Qualifizierung einer hoheitlichen Maßnahme in eine dieser Gruppen ist ihr materieller Gehalt und nicht etwa die vom Gesetzgeber gewählte Bezeichnung ausschlaggebend. Andernfalls könnte der Gesetzgeber

6 Bei allen drei Modellen soll den Zahlenden ein „Mobilitätsguthaben“ eingeräumt werden. Für die Einräumung des Guthabens bestehen unterschiedliche Methoden: Herausgabe des Guthabens als ÖPNV-Ticket, Einräumung eines Guthabens auf einem virtuellen Konto o.ä.

allein durch die gewählte Abgabebezeichnung die verfassungsrechtliche Kompetenzordnung unterlaufen.[7]

3. Steuern

Steuern i. S. d. Grundgesetzes sind nach allgemeiner Auffassung einmalige oder laufende „Geldleistungen, die nicht eine Gegenleistung für eine besondere Leistung darstellen und von einem öffentlich-rechtlichen Gemeinwesen zur Erzielung von Einnahmen allen auferlegt werden, bei denen der Tatbestand zutrifft, an den das Gesetz die Leistungspflicht knüpft."[8] Die Einordnung des Bürgertickets als Steuer scheidet aus, weil die „Abgabe" gerade nicht zur Deckung des allgemeinen Finanzbedarfs, sondern vielmehr – zweckgebunden – zur Finanzierung des ÖPNV/Verbesserung des ÖPNV herangezogen werden soll. Zudem ist ein weiterer Grund der Erhebung der Abgabe eine beabsichtigte Verhaltenslenkung.

4. Gebühren

Als Gebühren werden öffentlich-rechtliche Geldleistungen bezeichnet, die aus Anlass individuell zurechenbarer Leistungen dem Gebührenschuldner durch eine öffentlich–rechtliche Norm oder sonstige hoheitliche Maßnahme auferlegt werden. Gebühren sind durch ihren Entgeltcharakter geprägt. Sie sind von einer individuell zurechenbaren öffentlichen Leistung abhängig. Die Gebühr ist insofern eine Geldleistung, die der Verpflichtete

---

7 *Kloepfer*, Finanzverfassungsrecht, 2014, § 2 Ziff. 2 Rn. 5; *Jachmann*, in: v. Mangoldt/Klein/Starck (Hrsg.), GG, 5. Aufl. 2005, Art. 105 Rn. 3; BVerfG, B. v. 04.02.1956 – 2 BvL 31/56, 2 BvL 33/56, BVerfGE 7, S. 244 Rn. 16 ff. (juris) „Badische Weinabgabe"; *Jarass*, DÖV 1989, S. 1013 (1017); BVerfG, Urt. v. 10.12.1980 – 2 BvF 3/77, BVerfGE 55, S. 274 ff. „Berufsausbildungsabgabe"; *Kloepfer/Thull*, DVBl. 1992, S. 195 (198).

8 Vgl. § 3 Abs. 2 der Abgabenordnung (AO); ebenso § 1 Abs. 1 der Reichsabgabenordnung vom 22.05.1931 – RGBl. I S. 161; BVerfG, Gutachten v. 16.06.1954 – 1 PBvV 2/52, BVerGE 3, S. 407 ff. „Baugutachten"; BVerfG, B. v. 04.02.1956 – 2 BvL 31/56, 2 BvL 33/56, BVerfGE 7, S. 244 ff. „Badische Weinabgabe"; BVerfG, B. v. 26.05.1976 – 2 BvR 995/75, BVerfGE 42, S. 223 ff. „Fremdenverkehrsabgabe"; BVerfG, B. v. 12.10.1978 – 2 BvR 154/74, BVerfGE 49, S. 343 ff. „KAG Schleswig-Holstein"; BVerfG, Urt. v. 10.12.1980 – 2 BvF 3/77, BVerfGE 55, S. 274 ff. „Berufsausbildungsabgabe"; BVerfG, Urt. v. 18.07.2018 – 1 BvR 1675/16 u. a., Rn. 53 „Rundfunkbeitrag".

für eine von ihm beanspruchte und vom Staat gewährte öffentliche Leistung zu erbringen hat.[9]

Die Abgabe wird bei einem Bürgerticket nicht in jedem Fall für eine vom Verpflichteten beanspruchte Leistung auferlegt. Dies wäre dann der Fall, wenn die Abgabe lediglich bei tatsächlicher Nutzung des ÖPNV zu entrichten wäre. Die Einordnung als Gebühr scheidet daher ebenfalls aus.

5. *Sonderabgabe*

Sonderabgaben sind hoheitlich auferlegte Geldleistungspflichten, denen – ebenso wie der Steuer – keine unmittelbare Gegenleistung gegenübersteht.[10] Sie werden nicht zur Finanzierung des allgemeinen Staatsbedarfs von der Allgemeinheit getragen, sondern zur Finanzierung besonderer Aufgaben von bestimmten Gruppen von Bürgern erhoben.[11]

Von den Steuern grenzen sich Sonderabgaben dadurch ab, dass sie zweckgebunden sind, was Erhebung und Verwendung angeht.[12] Hierbei ist auf die Konkretheit der vom Gesetz angeordneten Zweckbindung des Abgabeaufkommens abzustellen.[13] Fehlt eine ausreichende Konkretisierung des Abgabeaufkommens, liegt eine Steuer vor, ist die Mittelverwendung hingegen hinreichend spezifiziert, so liegt eine Sonderabgabe vor. Diese Abgrenzung kann sich abhängig vom Einzelfall als schwierig darstellen.

Von den Vorzugslasten unterscheidet die Sonderabgabe die fehlende Gegenleistung.

In Anbetracht der vorgesehenen – potenziellen – Gegenleistung im Falle eines Bürgertickets scheidet eine Einordnung als Sonderabgabe aus.

---

9 BVerfG, Urt. v. 19.03.2003 – 2 BvL 9/98 u. a., NVwZ 2003, S. 715 ff. „Rückmeldegebühr"; B. v. 06.02.1979 – 2 BvL 5/76, NJW 1979, S. 1345 (1345); B. v. 04.02.1958 – 2 BvL 31 u. 33/56, NJW 1958, S. 625 (625); *Kirchhof*, Hdb. d. Staatsrecht, Bd. IV, 3. Aufl. 2006, § 88 Rn. 185.

10 BVerfG, B. v. 08.04.1987 – 2 BvR 909/82 u. a., NJW 1987, S. 3115 (3116); *Kloepfer/Thull*, DVBl. 1992, S. 195 ff. (198).

11 *Tipke/Lang*, Steuerrecht, 23. Aufl. 2018, § 2 Rn. 25; BVerfG, Urt. v. 26.05.1981 – 1 BvL 56/78 u. a., BVerGE 57, S. 139 ff. „Schwerbehindertenabgabe"; BVerfG, Urt. v. 10.12.1980 – 2 BvF 3/77, BVerfGE 55, S. 274 ff. „Berufsausbildungsabgabe"; *Germelmann*, VerwArch 2009, S. 476 (477).

12 *Germelmann*, VerwArch 2009, S. 476 (477).

13 *Kloepfer/Thull*, DVBl. 1992, S. 195 (198).

6. Beiträge

Beiträge sind Abgaben zur vollen oder teilweisen Deckung der Kosten einer öffentlichen Einrichtung, die von denjenigen erhoben werden, denen die Einrichtung einen besonderen Vorteil gewährt.[14]

Der Beitrag hebt sich durch seinen Entgeltcharakter von der Steuer ab. Von der Gebühr unterscheidet er sich dadurch, dass er nicht den Empfang einer Leistung, sondern das bevorzugende Angebot einer Leistung der öffentlichen Hand betrifft.[15] Ein Beitrag wird somit im Gegensatz zur Gebühr für die potenzielle Inanspruchnahme einer staatlichen Einrichtung erhoben.[16]

Ein Bürgerticket ist daher als Beitrag einzustufen. Die Abgabe soll nämlich entrichtet werden, unabhängig davon, ob der Bürger das ÖPNV-Angebot tatsächlich nutzt oder nicht, sondern lediglich, weil der Bürger zu einer Gruppe gehört, die den ÖPNV potenziell in Anspruch nehmen kann.

II. Ausgestaltung

1. Finanzverfassungsrechtliche Vorgaben

Durch einen Beitrag bietet der Staat individuellen Personen einen Vorteil an. Vorliegend soll das Bürgerticket potenzielle, regelmäßige Nutzer des ÖPNV betreffen. Diese können einen Vorteil aus dem ÖPNV-Angebot ziehen. Dies können zunächst alle Gemeindeangehörigen/Einwohner[17] sowie alle Bürger[18], aber grundsätzlich auch alle sonstigen regelmäßigen Nutzer des ÖPNV (z. B. Pendler) sein, soweit diese abgrenzbar sind. Da die Abgabenhoheit Kommunen nur *im Rahmen ihrer Gebietshoheit* zusteht, ergibt sich eine räumliche Grenze für die Erhebung von Kommunalabga-

---

14 BVerwG, Urt. v. 14.11.1985 – 3 C 44/83, NJW 1987, S. 793 (794); *Patzig*, DÖV 1981, S. 729 (735).

15 *Kirchhof* (Fn. 9), § 88 Rn. 213.

16 BVerfG, B. v. 24.01.1995 – 1 BvL 18/93 u. a.,NJW 1995, S. 1733 (S. 1735).

17 Einwohner ist beispielsweise nach § 10 Abs. 1 der Gemeindeordnung BW (GO BW), wer in der Gemeinde wohnt.

18 Bürger der Gemeinde ist beispielsweise nach § 12 Abs. 1 S. 1 GO BW, wer Deutscher im Sinne von Art. 116 GG ist oder die Staatsangehörigkeit eines anderen Mitgliedstaates der Europäischen Union besitzt (Unionsbürger), das 16. Lebensjahr vollendet hat und seit mindestens drei Monaten in der Gemeinde wohnt.

ben. Dies reduziert den Kreis der Beitragspflichtigen auf Einwohner oder Bürger, unabhängig von deren Volljährigkeit.

Ausschlaggebend für die Zulässigkeit der Erhebung eines Beitrags ist, wie konkret die potenzielle Nutzbarkeit der staatlichen Leistung sein muss. Das Bundesverwaltungsgericht vertrat hierzu im Jahr 2016 noch eine sehr enge Auffassung, indem es ausführte:

> *„Kann der Einzelne dagegen frei darüber entscheiden, ob er eine Leistung in Anspruch nimmt, muss feststehen, dass die Mitglieder eines abgrenzbaren Personenkreises von der angebotenen Nutzungsmöglichkeit nahezu geschlossen Gebrauch machen. Daher ist es ausgeschlossen, Vorzugslasten bereits für die Bereitstellung kultureller, sozialer oder sportlicher Einrichtungen (z.B. Theater, Kindertagesstätten) oder des öffentlichen Personennahverkehrs zu erheben, für deren weitestgehende Inanspruchnahme durch alle angesprochenen Personen sich keine tragfähige tatsächliche Grundlage findet.“*[19]

Das Bundesverfassungsgericht ist dieser (engen) Auffassung in seiner rund zwei Jahre später ergangenen Entscheidung zum Rundfunkbeitrag ausdrücklich entgegengetreten. Für die Frage, ob ein individueller Vorteil für die Abgabepflichtigen bestehe, komme es eben nicht auf die tatsächliche Nutzung oder darauf, ob die Abgabeschuldner von der Nutzungsmöglichkeit nahezu geschlossen Gebrauch machen, an.[20] Erforderlich sei, dass für alle Abgabepflichtigen eine realistische Möglichkeit zur Nutzung der öffentlichen Leistung oder Einrichtung bestehe.[21]

Hinsichtlich des Rundfunkbeitrags ließ es schon das Bundesverwaltungsgericht im Jahr 2016 ausreichen, wenn in den allermeisten Haushalten Rundfunkempfangsgeräte vorhanden sind, ohne aber aufgrund des hohen Marktanteils des privaten Rundfunks die Frage zu stellen, ob dies nicht in einer Vielzahl von Fällen gegen eine Nutzung der öffentlich-rechtlichen Sender spricht. Bezogen auf den ÖPNV kann das Rundfunkempfangsgerät als Mittel zur Nutzung der öffentlichen Leistung durchaus mit einer Haltestelle mit ausreichender ÖPNV-Bedienung (ebenfalls als Mittel zur Nutzung der öffentlichen Leistung) gleichgesetzt werden. Hieraus ist zu schließen, dass für die allermeisten einen Beitrag zahlenden Personen eine Erschließung mit ÖPNV vorhanden sein muss, damit eine realistische Möglichkeit zu dessen Nutzung besteht. Ansonsten wäre die Einbeziehung

19 BVerwG, Urt. v. 18.03.2016 – 6 C 6/15, „Rundfunkbeitrag“, Rn. 27 f.
20 BVerfG, Urt. v. 18.07.2018 – 1 BvR 1675/16, „Rundfunkbeitrag“, Rn. 76.
21 BVerfG, Urt. v. 18.07.2018 – 1 BvR 1675/16, „Rundfunkbeitrag“, Rn. 76.

der Personen, die aufgrund fehlender ÖPNV-Erschließung die Leistung (ÖPNV) nicht ausreichend realistisch nutzen können, unzulässig.

Zur Bejahung einer potenziellen Nutzung gehört dennoch nicht nur eine abstrakte Nutzungsmöglichkeit aufgrund des Vorhandenseins des öffentlichen Personennahverkehrs in einer Kommune, sondern die realistische Möglichkeit zur Nutzung des ÖPNV für alle Abgabepflichtigen. Es muss – analog zum Rundfunkempfänger im Haushalt – auch eine ausreichende Erschließung mit ÖPNV „vor der Haustür" vorhanden sein. Die Rechtsrisiken für die Erhebung eines Beitrags erhöhen sich daher in dem Umfang, in dem die herangezogenen Personen hinsichtlich der Nutzbarkeit des ÖPNV nicht ausreichend erschlossen sind.

2. *Beitragshöhe*

Hinsichtlich der Beitragshöhe gelten das Äquivalenzprinzip und das Kostendeckungsprinzip.[22]

Nach dem Äquivalenzprinzip darf der Beitrag nicht in einem groben Missverhältnis zur erbrachten (Gegen-)Leistung stehen. Jedoch sind vergröberte und pauschalisierte Bestimmungsgrößen zulässig. Stellt man im Falle eines Bürgertickets auf den – herkömmlichen – Preis für eine dauerhafte ÖPNV-Nutzung in dem betroffenen Gebiet ab und liegt der Beitrag unterhalb dieses Preises für ein ÖPNV-Zeit-Ticket im Bemessungszeitraum, ist kein grobes Missverhältnis festzustellen. Aufgrund des Äquivalenzprinzips ist im Grundsatz der gesamte Beitrag (ggf. abzüglich einer Bearbeitungsgebühr) dem Bürgerticketinhaber zur Verfügung zu stellen, um für den gesamten Betrag eine „potenzielle Nutzung" durch den Beitragspflichtigen, innerhalb eines bestimmten Zeitraums, sicherzustellen. Der Zeitraum, in dem eine potenzielle Inanspruchnahme des Bürgertickets, sprich die Inanspruchnahme des zur Verfügung gestellten Guthabens, zulässig ist, kann zeitlich eng, beispielsweise auf den Monat der Abgabenerhebung, begrenzt sein. Nimmt der Beitragspflichtige das Guthaben nicht in Anspruch, verfällt dieses und verbleibt ggf. bei der Stadt. Das in Anspruch genommene Guthaben fließt weitgehend dem Verkehrsunternehmen zu – hierfür wird ein ÖPNV – Ticket erworben. Das Verkehrsunternehmen kann (beispielsweise über einen öffentlichen Dienstleistungsauftrag) verpflichtet werden, der Stadt einen Teil der durch

22 *Siekmann*, in: Sachs (Hrsg.), GG, 8. Aufl. 2018, vor Art. 104a Rn. 101.

die Guthabeneinlösung gewonnenen Einnahmen für quantitäts- oder qualitätsverbessernde Ausbaumaßnahmen zur Verfügung zu stellen.

Nach dem Kostendeckungsprinzip darf das Beitragsaufkommen den Kostenaufwand des Staates nicht überschreiten. Gewinne, die dem allgemeinen Staatshaushalt zufließen, würden zu einer Umgehung der Steuergesetzgebungskompetenzen führen.[23] Folglich sind zunächst die Kosten für die Bereitstellung des ÖPNV zu betrachten. Diese sind auf die potenziellen Nutzer zu verteilen. Das Beitragsaufkommen darf insofern die staatlichen Kosten für die Leistung nicht übersteigen.

Letztlich ist der allgemeine Gleichheitsgrundsatz (Art. 3 Abs. 1 GG) zu beachten: Werden Beiträge erhoben, verlangt der Grundsatz der abgabenrechtlichen Belastungsgleichheit nach Art. 3 Abs. 1 GG, dass die Differenzierung zwischen Beitragspflichtigen und nicht Beitragspflichtigen nach Maßgabe des konkret-zurechenbaren Vorteils vorgenommen wird, dessen Nutzungsmöglichkeit mit dem Beitrag abgegolten werden soll.

3. *Ausgestaltungsvorschlag*

Bei der Ausgestaltung des Bürgertickets können bisherige ÖPNV-Tarifregelungen (Befreiungen z. B. von Auszubildenden über 18 Jahren, Studierenden, Empfängern von Wohngeld, Arbeitslosengeld II und Grundsicherung, Asylbewerber, Empfängern von Leistungen nach dem Pflegeversicherungsgesetz sowie Schwerbehinderten mit einem Schwerbehinderungsgrad über 80 %) übernommen werden, soweit hier eine abgabengerechte Regelung vorgenommen wurde. Die Herausnahmemöglichkeiten aus der Beitragspflicht ergeben sich aus dem Schutz der Ehe und Familie des Art. 6 Abs. 1 GG i.V.m. Art. 3 Abs. 1 GG,[24] dem Sozialstaatsprinzip des Art. 20 Abs. 1 GG,[25] und dem Benachteiligungsverbot des Art. 3 Abs. 3 S. 2 GG.[26]

---

23 *Kloepfer* (Fn. 7), § 2 Rn. 33.

24 Dies betrifft insbesondere eine mögliche Differenzierung nach dem Lebensalter (Herausnahme von Kindern aus der Beitragspflicht). Zum Diskriminierungsverbot, BVerfG, B. v. 10.11.1998 – 2 BvR 1057/91, BStBl II 1999, 182, BVerfGE 99, 216 Rn. 64 (juris); zur notwendigen steuerlichen Berücksichtigung der Kinderbetreuung *Maunz/Dürig/Badura*, 84. EL 8/2018, GG, Art. 6 Rn. 85.

25 Dies betrifft insbesondere eine soziale Staffelung oder die Herausnahme Arbeitsloser. Hierin impliziert ist eine grundsätzliche Verantwortung für den Schutz der sozial Schwachen, vgl. nur BVerfG, B. v. 14.05.1969 – 1 BvR 615/67, BVerfGE 26, 16 Rn. 56 (juris); BVerfG, B. v. 22.06.1977 – 1 BvL 2/74, BVerfGE 45, 376 Rn. 43 (juris); BVerfG, B. v. 27.04.1999 – 1 BvR 2203/93, BVerfGE 100, 271Rn. 56 (juris);

Der Zeitraum der potenziellen Inanspruchnahme kann auf den Monat begrenzt werden, in dem der Beitrag erhoben wird. Allerdings ist sicherzustellen, dass alle der Beitragspflicht unterfallenden Einwohner einen ausreichenden Zugang zum ÖPNV haben. Dies kann beispielsweise dadurch erreicht werden, dass die zulässige Maximalentfernung bis zur nächsten Haltestelle festgelegt wird. Letztlich folgt dies aus der Rechtsprechung des Bundesverfassungsgerichts.[27] Eine potenzielle Nutzung reicht zwar aus – es muss aber eine realistische Möglichkeit für die Abgabepflichtigen bestehen.

In Übereinstimmung zu dieser Rechtsprechung des Bundesverfassungsgerichts steht die ständige Rechtsprechung betreffend Fremdenverkehrsbeiträge.[28] Dort werden die Fremdenverkehrsbeiträge für zulässig gehalten, ohne dass sichergestellt wird, dass die Beitragspflichtigen selbst aktiv die mit ihren Beiträgen finanzierten öffentlichen Einrichtungen nutzen. Es reicht aus, dass der Nutzen der Beitragspflichtigen in abgrenzbarer Weise höher liegt als der Nutzen für die Allgemeinheit.

4. ÖPNV zum Nulltarif

Bei einem „ÖPNV zum Nulltarif" zahlen die Einwohner zwar das Bürgerticket. Hiervon wird dann, neben den bereits jetzt vorhandenen Zuschüssen der öffentlichen Hand für den ÖPNV, ein Anteil der ÖPNV-Kosten finanziert. Die Einwohner haben anschließend für die Nutzung des ÖPNV kein (weiteres) Entgelt mehr zu bezahlen. Der Vorteil ist, dass sämtliche Vertriebseinrichtungen (u.a. Fahrkartenautomaten, Kundenzentren, Fahrscheinkontrolleure), zumindest für den innerstädtischen ÖPNV, nicht mehr erforderlich sind.

Ist der ÖPNV aber in der jeweiligen Stadt kostenlos, profitieren davon auch Nicht-Einwohner. Dies könnte zum einen ein Verstoß gegen

---

BVerfG, Urt. v. 03.04.2001 – 1 BvR 2014/95, BVerfGE 103, 197-Rn. 80 (juris); *Maunz/Dürig/Grzeszick* (Fn. 24), Art. 20 VIII Rn. 1.

26 Dies betrifft insbesondere schwerbehinderte Menschen, die infolge ihrer Behinderung in ihrer Bewegungsfähigkeit im Straßenverkehr erheblich beeinträchtigt sind, vgl. hierzu BVerfG, B. v. 08.10.1997 – 1 BvR 9/97, BVerfGE 96, 288.

27 BVerfG, Urt. v. 18.07.2018 – 1 BvR 1675/16, Rn. 76; deutlich enger BVerwG, Urt. v. 18.03.2016 – 6 C 6/15, „Rundfunkbeitrag", Rn. 27 f.; diese Auffassung, nach der die hohe Wahrscheinlichkeit einer „weitestgehenden Inanspruchnahme" durch die Abgabepflichtigen erforderlich sein soll, lehnte das BVerfG jedoch ausdrücklich ab, vgl. hierzu auch oben unter C.II.I.).

28 Siehe hierzu beispielhaft BVerwG, Urt. v. 15.10.1971 – VII C 13/70; VII C 20.70.

den Gleichheitsgrundsatz sein. Zum anderen stellt sich die Frage, ob die zahlenden Einwohner gegenüber den Nicht-Einwohnern überhaupt noch einen Vorteil haben.

Durch den Wohnsitz im Gebiet stellt der Gesetz- bzw. Satzungsgeber bei den Beitragspflichtigen auf eine tatsächliche Sachnähe zur Einrichtung (ÖPNV-System) ab. Hier pauschaliert er, in dem er davon ausgeht, dass Menschen mit Wohnsitz in dem zu betrachtenden Gebiet häufiger den lokalen ÖPNV nutzen können und werden als Menschen ohne derartigen Wohnsitz. Auch Straßenausbaubeiträge werden beispielsweise grundstücksbezogen erhoben. Nach dem Grundsatz der abgabenrechtlichen Belastungsgleichheit können hier nur solche Grundstücke herangezogen werden, deren Eigentümer aus der Möglichkeit, die ausgebauten Straßen in Anspruch zu nehmen, einen *Sondervorteil* schöpfen können, der sie von dem der Allgemeinheit der Straßennutzer unterscheidet. Soweit die Erhebung von Straßenausbaubeiträgen grundstücksbezogen erfolgt, muss auch der Sondervorteil grundstücksbezogen definiert werden. So kann er beispielsweise nach dem Bundesverfassungsgericht in einer

> *„Erhöhung des Gebrauchswertes des Grundstücks durch die Belegenheit in einem verkehrsmäßig erschlossenen Gebiet oder in der Möglichkeit der Inanspruchnahme einer öffentlichen Einrichtung oder Anlage bestehen, welche ihrerseits den Gebrauchswert des Grundstücks steigert. Eine Steigerung des Verkehrswertes ist nicht erforderlich […]. Weitergehende verpflichtende Anforderungen, wie zum Beispiel die Existenz eines „funktionalen Zusammenhangs“ zwischen Verkehrsanlagen und den mit einem Ausbaubeitrag belasteten Grundstücken sind verfassungsrechtlich nicht geboten. Allerdings darf sich aus Gründen der Belastungsgleichheit (Art. 3 Abs. 1 GG) der Sondervorteil, dessen Inanspruchnahme durch die Erhebung eines Beitrags ausgeglichen werden soll, nicht in der Weise auflösen, dass Beitragspflichtige keinen größeren Vorteil aus der potenziellen Inanspruchnahme der Gegenleistung ziehen können als die nichtbeitragspflichtige Allgemeinheit. Damit bleibt Raum für eine Ausgestaltung der Beitragsverpflichtung durch den Gesetz- oder Satzungsgeber. Der danach eröffnete Spielraum ist erst dann überschritten, wenn kein konkreter Bezug zwischen dem gesetzlich definierten Vorteil und den Abgabepflichtigen mehr erkennbar ist.“*[29]

---

29 BVerfG, B. v. 25.06.2014 – 1 BvR 668/10 u. a., NVwZ 2014, S. 1448 Rn. 53 f.; ebenso *Arndt*, in: Henneke/Pünder/Waldhoff (Hrsg.), Recht der Kommunalfinanzen, 2006, § 16 Rn. 129.

Der zu betrachtende Vorteil liegt in der – potenziellen – Nutzung des ÖPNV. Hier geht der Gesetzgeber/Satzungsgeber in typisierender Betrachtungsweise davon aus, dass dieser Vorteil bei Personen mit Wohnsitz im Gebiet häufiger genutzt wird als bei Personen ohne Wohnsitz im Gebiet. Dieser Grundgedanke ist verfassungsrechtlich nicht zu beanstanden.

Zudem darf sich der Sondervorteil nicht in der Weise „auflösen", dass Beitragspflichtige keinen größeren Vorteil aus der potenziellen Inanspruchnahme der Gegenleistung ziehen können als die nichtbeitragspflichtige Allgemeinheit. Bei der zulässigen pauschalierenden Betrachtungsweise haben Personen mit Wohnsitz im Gebiet häufiger die Möglichkeit der Nutzung des ÖPNV als solche ohne Wohnsitz im Gebiet. Auch hier sprechen gute Argumente dafür, dass – je nach Ausgestaltung – für Einwohner/Bürger ein größerer Vorteil entsteht, der „abgegolten" werden soll.

Als weitere Sachgründe könnten – ohne Feststellung eines beitragspflichtigen Sondervorteils – Gründe der Verwaltungsvereinfachung bzw. Praktikabilitätsgründe vorgebracht werden.

Eine Nicht-Einbeziehung der übrigen ÖPNV-Nutzer in die Abgabepflicht ist gerade von dem Wunsch getragen, den Verwaltungsaufwand/die Kosten für deren Einbeziehung zu vermeiden. Eine Abgabe von Auswärtigen erheben zu wollen, ist tatsächlich kaum praktikabel. Auf der anderen Seite dient es der Verwaltungsvereinbarung, nicht zwischen den Bürgern, die kostenfrei den ÖPNV nutzen können, und den Auswärtigen, die zu zahlen haben, unterscheiden zu müssen. Aus Vereinfachungsgründen könnte dann allen Nutzern – ob abgabenbelastet oder nicht – ein kostenfreier ÖPNV gewährt werden. Das Bundesverfassungsgericht hat Praktikabilitätserwägungen als legitimes Ziel anerkannt:

> *„Bei der Ausgestaltung von Regelungen zur Bestimmung der Bemessungsgrundlage einer Steuer verfügt der Gesetzgeber über einen weiten Spielraum. Dabei darf er sich in erheblichem Umfang auch von Praktikabilitätserwägungen mit dem Ziel der Einfachheit der Steuerfestsetzung und ihrer Erhebung leiten lassen. Dies gilt in besonderem Maße bei steuerlichen Massenverfahren. Bei der Ausgestaltung des Systems zur Erfassung der Bemessungsgrundlage kann der Gesetzgeber Praktikabilitätserwägungen Vorrang vor Gesichtspunkten der Ermittlungsgenauigkeit einräumen und dabei auch beträchtliche Bewertungs- und Ermittlungsunschärfen in Kauf nehmen, um die Festsetzung und Erhebung der Steuer handhabbar zu halten […]. Begrenzt wird sein Spielraum dadurch, dass die von ihm geschaffenen Bemes-*

sungsregeln grundsätzlich in der Lage sein müssen, den mit der Steuer verfolgten Belastungsgrund in der Relation realitätsgerecht abzubilden [...].“[30]

Als Rechtfertigung für eine Ungleichbehandlung kommen somit grundsätzlich auch Praktikabilitätserwägungen in Betracht.[31]

> „*Der sachliche Gesichtspunkt der praktischen Machbarkeit* [...] *rechtfertigte also gesetzliche Regelungen, die sicherstellen, dass ein solcher Finanzausgleich überhaupt mit vertretbarem Aufwand durchgeführt werden kann.*“[32]

Nach Rechtsprechung des BVerfG darf der Gesetzgeber bei der „Ordnung von Massenerscheinungen“, wie sie beispielsweise im Sozialversicherungs- oder Steuerrecht auftreten, „typisieren“. Hier werden geringere Anforderungen an den Prüfungsmaßstab gefordert.[33]

Eine derartige Typisierung setzt jedoch voraus, dass die durch sie eintretenden Härten oder Ungerechtigkeiten nur unter Schwierigkeiten vermeidbar wären.[34] Zudem darf nur eine verhältnismäßig kleine Anzahl von Personen (kleiner 10 %) betroffen werden und der Verstoß gegen den Gleichheitssatz nicht sehr intensiv sein.[35] Die Schwierigkeiten für eine Gleichbehandlung müssen insofern von solchem Gewicht sein, dass sie eine grundlegende abweichende, benachteiligende Vorgehensweise rechtfertigen würden.[36]

Diese Voraussetzungen dürften bei einem „kostenlosen ÖPNV“ zumindest nicht rechtssicher erfüllt sein. Wenn die kostenlose ÖPNV-Nutzung neben den Einwohnern auch allen anderen ÖPNV-Nutzern – aus Gründen der Verwaltungsvereinfachung – angeboten wird, liegt hierin eine strukturelle Ungleichbehandlung, die nicht nur eine kleine Anzahl von Personen betrifft, sondern *alle* Abgabepflichtigen. Bereits diese Voraussetzung ist damit nicht erfüllt.

---

30 BVerfG, Urt. v. 10.04.2018 – 1 BvL 11/14 u. a., DStR 2018, S. 791 Rn. 127 ff.

31 *Kischel*, in: Epping/Hillgruber (Hrsg.), BeckOK GG, Stand 47. Ed. 5/2021, Art. 3 Rn. 67; vgl. BVerfG, B. v. 16.12.1958 – 1 BvL 3/57 u. a.,Rn. 43 (juris).

32 BVerfG, B. v. 18.07.2005 – 2 BvF 2/01, NVwZ 2006, S. 559 Rn. 179.

33 Vgl. BVerfG, B. v. 14.05.1985 – 1 BvR 449/82 u. a., Rn. 99 (juris); BVerfG, B. v. 08.02.1983 – 1 BvL 28/79, Rn. 38 (juris); BVerfG, B. v. 22.06.1977 – 1 BvL 2/74, Rn. 47 (juris); *Sodan*, GG, 3. Aufl. 2015, Art. 3 Rn. 16.

34 BVerfG, B. v. 08.02.1983 – 1 BvL 28/79, Rn. 39 (juris); BVerfG, B. v. 22.06.1977 – 1 BvL 2/74, Rn. 47 (juris).

35 BVerfG, B. v. 08.02.1983 – 1 BvL 28/79, Rn. 39 (juris); BVerfG, B. v. 02.07.1969 – 1 BvR 669/64, Rn. 27 (juris).

36 BVerfG, B. v. 15.07.1998 – 1 BvR 1554/89 u. 1 BvR 963, 964/94, NZA 1999, S. 194 (197).

Die Ungleichbehandlung wäre zudem grundsätzlich durch Schaffung eines abgabepflichtigen ÖPNV für Nicht-Einwohner (hier: für die konkrete Nutzung – wohl als Gebühr) zu verhindern. Sie ist damit vermeidbar. Im Einzelfall wäre zu überprüfen, ob die Ungleichbehandlung „nur unter Schwierigkeiten" vermeidbar wäre. Hierfür sind aktuell keine Punkte ersichtlich. Im Falle des Rundfunkbeitrags wurde beispielsweise eine Verwaltungsvereinfachung nicht als Sachgrund für eine Ungleichbehandlung der – zusätzlichen – Heranziehung von Zweitwohnungsinhabern zur Beitragspflicht angesehen, da der Mehraufwand für die Erfassung von Zweitwohnungen nicht wesentlich höher sei als die sonstige Wohnungserfassung.[37]

Schließlich spricht aber auch die komplett unterschiedliche Behandlung gleichgelagerter Sachverhalte – Einwohner mit Abgabepflicht dürfen den ÖPNV kostenlos nutzen, Nicht-Einwohner ohne Abgabepflicht dürfen ebenso kostenlos nutzen – für einen „intensiven" Verstoß. Diesbezüglich hat das Bundesverfassungsgericht entschieden:

> *„Erweist sich eine gesetzliche Regelung als in substanziellem Umfang grundsätzlich gleichheitswidrig, können weder ein Höchstmaß an Verwaltungsvereinfachung noch die durch eine solche Vereinfachung weitaus bessere Kosten-/Nutzenrelation zwischen Erhebungsaufwand und Steueraufkommen dies auf Dauer rechtfertigen […]. Die Erkenntnis, eine in einem Steuergesetz strukturell angelegte Ungleichbehandlung könne nicht mit vertretbarem Verwaltungsaufwand beseitigt werden, darf nicht zur Tolerierung des verfassungswidrigen Zustands führen."*[38]

Zusammenfassend bestehen durchaus Argumente für die Zulässigkeit eines „ÖPNV zum Nulltarif" auch für Nicht-Einwohner. Allerdings gibt es starke Gegenargumente. Die Variante der Einführung eines „ÖPNV zum Nulltarif" auch für Nicht–Einwohner ist daher zumindest nicht rechtssicher umsetzbar.

Die dargestellten rechtlichen Risiken bei der Gestaltungsvariante des kostenfreien ÖPNV gelten nicht für den Fall, dass nur die – grundsätzlich beitragspflichtigen – Einwohner der Gemeinde den kostenfreien ÖPNV nutzen dürfen, die nicht im Gemeindegebiet wohnenden Nutzer des ÖPNV aber für den ÖPNV zahlen müssen. Die Beitragszahlung erfordert einen abzugeltenden Vorteil. Dieser Vorteil liegt in der potenziellen Inanspruchnahme des ÖPNV im Gemeindegebiet. Ob diese potenzielle Inan-

---

37 BVerfG, Urt. v. 18.07.2018 – 1 BvR 1675/16 u. a., – NJW 2018, S. 3223 Rn. 109.
38 BVerfG, Urt. v. 10.04.2018 – 1 BvL 11/14 u. a., DStR 2018, S. 791 Rn. 127 ff.

spruchnahme durch die Inanspruchnahme eines mit der Beitragszahlung eingeräumten Guthabens oder in der Nutzung eines für den Beitragszahlenden kostenfreien ÖPNV liegt, ist irrelevant.

D. Kfz-Halter-Abgabe

Im Rahmen einer Kfz-Halter-Abgabe sollen Kfz-Halter in einer Kommune bzw. einem definierten Erhebungsgebiet verpflichtet werden, eine regelmäßige Abgabe zugunsten des ÖPNV zu entrichten. Gebührenzahlende Kfz-Halter erhalten als „Gegenleistung“ ein Mobilitäts-Guthaben z. B. für eine ÖV-Zeitkarte, eine entsprechende „Anrechnung“ der gezahlten Leistung oder eine kostenlose ÖPNV-Nutzung. Als Folgemaßnahme könnten die Ticketpreise für alle ÖV-Zeitkartennutzer gesenkt werden (nicht nur für Kfz-Halter).

In jedem Fall soll in diesem Modell der Besitz eines Kfz belastet werden. Auf diese Weise soll der lokale ÖPNV auf mittelbare oder unmittelbare Art und Weise begünstigt werden.

Es besteht die Möglichkeit, gewerbliche Kfz-Halter einzubeziehen. Allerdings ist die potenziell nutzbare Gegenleistung, das Mobilitätsguthaben, für diesen Fall übertragbar auszugestalten.

I. Finanzverfassungsrechtliche Einordnung

Für die Einführung einer Kfz-Halter-Abgabe ist keine ausschließliche (oder konkurrierende) Gesetzgebungskompetenz des Bundes gegeben. Die Länder sind gem. Art. 30, 70 Abs. 1 GG zur Gesetzgebung befugt.

Eine Einordnung als Steuer scheidet aus, da vorliegend für die abgabeleistenden Kfz-Halter gerade die ÖPNV-Nutzung ermöglicht werden soll. Es liegt somit eine „Gegenleistung“ vor.[39] Zudem sollen vorliegend die durch die Abgabe generierten Mittel nicht zur Deckung des allgemeinen Finanzbedarfs verwendet werden.

Ebenso handelt es sich bei einer Kfz-Halter-Abgabe nicht um eine Gebühr: Bei einem Anknüpfen an die Kfz-Haltereigenschaft ist keine individuell zurechenbare Leistung in der Nutzung der Straße gegeben. Ebenso wird die Abgabe nicht für die – tatsächliche – Nutzung des ÖPNV auferlegt.

---

39 Vgl. ebenso bei LT-Drs. NRW 11/2644, S. 7.

Eine Einordnung als Sonderabgabe ist schwierig zu begründen. Von den Vorzugslasten wird die Sonderabgabe durch das Fehlen einer Gegenleistung abgegrenzt. Eine derartige Gegenleistung soll jedoch in der Möglichkeit der Nutzung des ÖPNV gerade vorgesehen werden. Da Sonderabgaben – in Abgrenzung zu sonstigen Abgabenarten – grundsätzlich eine „seltene Ausnahme" bleiben sollen, ist im Falle der Verbindung zu einer Gegenleistung bevorzugt der Weg über Beiträge und Gebühren zu wählen.

Vielmehr handelt es sich um einen Beitrag: Stellt man auf die – potenzielle – Nutzung des ÖPNV ab, so kann ein besonderer Vorteil für die Abgabeleistenden festgestellt werden (kostenlose bzw. vergünstigte Nutzung des ÖPNV). Soweit derjenige, der die Abgabe zu entrichten hat, kostenfrei oder kostenvergünstigt den ÖPNV nutzen „darf", kann eine derartige Abgabe damit als Beitrag ausgestaltet werden.

II. Ausgestaltung

1. Finanzverfassungsrechtliche Vorgaben

Auch die Kfz-Halter-Abgabe kann, wie oben dargestellt, als Beitrag ausgestaltet werden. Der Kreis der Beitragspflichtigen bezieht sich hier auf Kfz-Halter mit einer Zulassung des Fahrzeugs in einem definierten Gebiet. Auf die sonstigen Ausführungen zu den finanzverfassungsrechtlichen Vorgaben für Beiträge im Rahmen der Ausführungen zum Bürgerticket wird daher verwiesen.

2. Ausgestaltungsvorschlag

Wie bei dem Bürgerticket stellt sich bei der Kfz-Halter-Abgabe die Frage, welche Personengruppen der Abgabenpflicht unterfallen und welche gegebenenfalls ausgenommen werden. Bei der Ausgestaltung können ebenfalls ÖPNV-Tarifregelungen (Befreiungen für bestimmte Gruppen) übernommen werden, soweit diese Gruppen auch der Gruppe der Kfz-Halter angehören (z. B. möglich bei Auszubildenden über 18 Jahren, Studierenden, Empfängern von Wohngeld, Arbeitslosengeld II und Grundsicherung, Asylbewerbern, Empfängern von Leistungen nach dem Pflegeversicherungsgesetz). Im Zuge der Ausgestaltung ist darauf hinzuweisen, dass eine Sanktion der Nichtbezahlung des Beitrags nicht die Eigenschaft der

Kfz-Zulassung betreffen darf. Dies ist bundesrechtlich durch die Straßenverkehrszulassungsordnung (StVZO) geregelt.

Werden auch gewerbliche Kfz-Halter in die Kfz-Halter-Abgabe einbezogen, ist zumindest für diese Fälle eine Übertragbarkeit des Mobilitätsguthabens auf die Mitarbeiter vorzusehen, um die potenziell nutzbare Gegenleistung zu ermöglichen.

Um Umgehungen zu vermeiden halten wir eine Verknüpfung mit den Kosten für einen Anwohnerparkplatz oder mit der Stellplatzverpflichtung nach den Landesbauordnungen für zulässig. So könnten die Kosten für Anwohnerparkplätze um den Kfz-Halter-Betrag erhöht und für den Fall des Nachweises der Zahlung des Beitrags entsprechend abgesenkt werden. Ferner könnte in die Landesbauordnungen eine Regelung aufgenommen werden, dass bei dem Bau einer Garage/eines Stellplatzes und für jede gebaute Garage/jeden gebauten Stellplatz eine Abgabe zu entrichten ist, die für den Fall des Nachweises der Zahlung des Beitrags reduziert wird. So könnten auch diejenigen Kfz-Halter, die ihr Kfz nicht in der betreffenden Kommune zulassen, aber dort wohnen, erfasst werden.

E. City-Maut

Im Modell der City-Maut werden alle Kfz-Nutzer (Einwohner und Einpendler) in einem bestimmten Erhebungsgebiet auf Landes-, Kreis-, Kommunal- und nicht klassifizierten Straßen (außer Bundesstraßen) zur Zahlung einer Abgabe verpflichtet, die (überwiegend) dem ÖPNV zufließt. Abgabenleistende Kfz-Nutzer erhalten als Gegenleistung ein Mobilitätsguthaben zum Beispiel für eine ÖV-Zeitkarte. Zudem können auch hier die Ticketpreise für alle ÖPNV–Zeitkartennutzer sinken (nicht nur für Kfz–Nutzer).

In der Folge sind alle Autofahrten, die im räumlichen Geltungsbereich der Abgabe stattfinden, abgabepflichtig. Räumlich kann diese Zahlungsverpflichtung z. B. auf den Innenstadtbereich oder auf die Stadtgrenzen beschränkt werden.

Ebenso ist eine zeitliche Staffelung denkbar, so beispielsweise eine Variation der Abgabenhöhe je nach Tageszeit, aktuellem Verkehrsaufkommen (Stauabhängigkeit) oder aktuellen Immissionswerten bzw. -belastungen. Ggf. könnte die Abgabe auch nur für Fahrten während bestimmter Belastungshochzeiten eingefordert werden.

Wie bei jeder Infrastrukturnutzungsabgabe kann die Abgabenhöhe entweder proportional zur Fahrleistung sein oder als „Flatrate" ausgestaltet werden, d. h. es werden fahrleistungsunabhängige, für eine bestimmte Dauer gültige Vignetten ausgegeben.

I. Finanzverfassungsrechtliche Einordnung

Für die Einführung einer City-Maut liegt keine ausschließliche Gesetzgebungskompetenz des Bundes vor. Die Länder sind gem. Art. 30, 70 Abs. 1, 74 Abs. 1 Nr. 22, 72 Abs. 2 GG zur Gesetzgebung befugt.

Dies gilt allerdings nicht für Bundesstraßen in Ortsdurchfahrten, so dass diese nach §§ 7 ff. FStrG ausgenommen werden müssen. Sinnvoll wäre es, wenn der Bundesgesetzgeber eine Gesetzesänderung vornehmen würde, um die Bundesstraßen in das Konzept einer City-Maut einbeziehen zu können.

Auch eine City-Maut ist nicht als Steuer einzuordnen: Eine solche zeichnet sich dadurch aus, dass sie „gegenleistungsunabhängig" und „voraussetzungslos" erhoben wird. Die City-Maut soll erhoben werden, sobald Straßen in einem bestimmten Gebiet befahren werden. Bereits dieser Aspekt spricht gegen eine Voraussetzungslosigkeit und damit gegen eine Einordnung als Steuer. Als weitere „Gegenleistung" ist vorliegend die kostenlose oder vergünstigte Nutzung des ÖPNV anzusehen.

Für eine Einordnung als Gebühr ist Voraussetzung, dass die Abgabe als „Entgelt" für eine staatliche Leistung erbracht wird. Zwar ist die vergünstigte ÖPNV-Nutzung eine „staatliche Gegenleistung". Dennoch kommt die ÖPNV-Nutzung nicht als Gebührenzweck in Frage. Die Zahlung der Abgabe soll nämlich unabhängig von der (tatsächlichen oder potenziellen) Nutzung des ÖPNV erfolgen, so dass die Gebühr nicht als individuell zurechenbares Entgelt für die Leistung „ÖPNV-Nutzung" erhoben wird.

Bei der City-Maut liegt zunächst als Gebührenzweck die Straßennutzung nahe. Als Finanzierungszweck wäre hier eine Gebührenerhebung zur Finanzierung des Straßenbaus bzw. der Straßenunterhaltung augenscheinlich. Gerader dieser Aus- oder Neubau des Straßennetzes soll jedoch vorliegend nicht finanziert werden. Vielmehr soll die Finanzierung insbesondere dem Ausbau des bestehenden ÖPNVs dienen. Es reicht zur Einordnung als Gebühr aber aus, wenn die Gebühr „auch" für die Straßennutzung Verwendung findet. Eine Mittelverwendung für den ÖPNV dient „auch" dem besseren Verkehrsfluss auf der Straße und somit „auch" dem Kfz-Nutzer. Dies gilt umso mehr, wenn die eingenommenen Mittel für ganzheitliche Mobilitätskonzepte („Smart City") verwendet werden.

Die Abgabesoll aber nicht nur einen Finanzierungszweck, sondern darüber hinaus einen Lenkungszweck verfolgen. Dies schadet bei der Einordnung als Gebühr jedoch nicht. Eine Gebühr kann nämlich auch erhoben werden, um das Verhalten des Gebührenschuldners zu lenken (Lenkungsgebühr). Das gewünschte Verhalten wäre hier die Nutzung des ÖPNV und der Verzicht auf die Nutzung des Kfz. Wenn neben dem Finanzierungszweck noch weitere Zwecke zur Gebühr hinzutreten (hier der Lenkungszweck), ändert dies zunächst nichts an ihrer finanzverfassungsrechtlichen Einordnung.

In Anbetracht bestehender Ausgestaltungs- und Abrechnungsvarianten von Maut-Systemen (Vignettensystem, Maut-Station-System) und der Tatsache, dass die Straßen den abgabepflichtigen Kfz-Nutzern nicht nur „angeboten" werden soll, wird vorliegend nicht von einem Beitrag ausgegangen. Auch bei einem Vignettensystem geht der Abgabenleistende von einer tatsächlichen, nicht nur einer möglichen, Nutzung der Straße aus, so dass auch in diesem Fall die Abgabe als Gebühr einzuordnen ist.

Alternativ zu der Einordnung als Gebühr könnte die City-Maut auch als Sonderabgabe mit Lenkungsfunktion angesehen werden. Jedoch dient die Lenkungsabgabe grundsätzlich nicht einem Finanzierungszweck, sondern (nur) der Durchsetzung eines bestimmten „Verwaltungsprogramms". Vorliegend ist aber eine (gewisse) Finanzierungsfunktion nicht abzustreiten. Die generierten Mittel sollen für den Ausbau des ÖPNV sowie eventuell weiterer Mobilitätskonzepte verwendet werden. Außerdem muss die Sonderabgabe die „seltene Ausnahme" bleiben. Obwohl grundsätzlich eine Ausgestaltung als Lenkungssonderabgabe denkbar wäre, sprechen vorliegend die besseren Argumente gegen eine Einführung einer City-Maut als Sonderabgabe.

II. Ausgestaltung

1. Finanzverfassungsrechtliche Vorgaben

Nach dem Äquivalenzprinzip muss die Höhe der Gebühr grundsätzlich von Art und Umfang der Staatsleistung abhängen, es muss eine *Verhältnismäßigkeit* zwischen Leistung und Gegenleistung bestehen.[40]

Die Bemessung der Gebühr ist verfassungsrechtlich gerechtfertigt, wenn ihre Höhe durch zulässige Gebührenzwecke, die der Gesetzgeber bei der

40 *Kaufmann*, in: Henneke/Pünder/Waldhoff (Fn. 29), § 15 Rn. 10; *Siekmann*, in: Sachs (Fn. 22), vor Art. 104a Rn. 102 ff.

tatbestandlichen Ausgestaltung erkennbar verfolgt, legitimiert ist.[41] Dies könnte zunächst – bei Straßennutzung – in der Kostendeckung für die Straßenbereitstellung und -unterhaltung liegen.

Ein zulässiger Gebührenzweck kann jedoch auch ein Lenkungszweck sein.[42] Vorliegend ist Gebührenzweck nicht das Erwirtschaften eines Gebührenaufkommens für den Straßenbau, vielmehr soll die Nutzung der Straße gesteuert/eingeschränkt – und ein Umstieg auf den ÖPNV angeregt werden. Zudem soll aber dieser ÖPNV durch das Abgabenaufkommen finanziert werden. Dieser – zulässige – Lenkungszweck kann bei der Gebührenbemessung Berücksichtigung finden. Vor diesem Hintergrund ist grundsätzlich (auch) eine Überschreitung der Kostendeckung für die Straßenbereitstellung und -unterhaltung möglich.

Eine Orientierung am Preis für ein Tagesticket des ÖPNV kann hierbei als angemessen angesehen werden.[43] Auch als – reine – Straßennutzungsgebühr wäre damit eine Orientierung am Preis eines ÖPNV-Tickets nicht per se zu beanstanden. Ebenfalls könnte eine Überschreitung dieses Preises – bei entsprechender Begründung – zu rechtfertigen sein. Entscheidend ist, dass damit zulässige Lenkungszwecke oder „Finanzierung" der Straßennutzung „mit" erreicht werden sollen. Die Bemessung der Gebühr (Gebührenhöhe) darf jedoch keine „erdrosselnde" Wirkung aufweisen. In diesem Fall wäre der Lenkungszweck nicht erreicht.

Darüber hinaus ergibt sich aus dem Gebührenzweck (z.B. Verbesserung Verkehrsfluss in der Stadt) auch, dass nicht die volle Gebühr auf ein „Mobilitätsguthaben" für den ÖPNV einzuzahlen ist (anders als beim Beitrag des Bürgertickets oder der Kfz-Halter-Abgabe).

2. *Ausgestaltungsvorschlag*

Wie bei den übrigen Modellen können bei der Ausgestaltung der City-Maut bisherige ÖPNV-Tarifregelungen (Befreiungen für bestimmte Gruppen) übernommen werden, soweit diese Gruppen auch der Gruppe der Kfz-Nutzer angehören (z. B. möglich bei Auszubildenden über 18 Jahren, Studierenden, Empfängern von Wohngeld, Arbeitslosengeld II und Grundsicherung, Asylbewerbern, Empfängern von Leistungen nach dem

---

41 BVerfG, Urt. v. 19.03.2003 – 2 BvL 9/98 u. a., BVerfGE 108, S. 1 ff. „Rückmeldegebühr Baden-Württemberg", Rn. 55 (juris).

42 *Kirchhof* (Fn. 9), § 88 Rn. 198.

43 *Schröder*, NVwZ 2012, S. 1438 (1440); *Murswiek*, Die Entlastung der Innenstädte vom Individualverkehr, Bd. 1, 1993, S. 90.

Pflegeversicherungsgesetz). Dies kann deshalb sinnvoll sein, da diese Personengruppen das Mobilitätsguthaben gar nicht oder nur eingeschränkt für ÖPNV-Leistungen einlösen können. Notwendig ist dies allerdings nicht. Hintergrund der Gestaltung entsprechender Ausnahmen könnte beispielsweise sein, dass diese Kfz-Nutzer ein volles Mobilitätsguthaben ohnehin nicht vollständig einsetzen könnten. Hier kann auf die obigen Ausführungen verwiesen werden. Ausnahmen und Befreiungen für Kinder sind selbstverständlich.

Im Rahmen der Ausgestaltung ist es möglich, die Gebühr als Jahres-, Monats-, Wochen- und Tagesgebühr auszugestalten. Ferner ist es möglich, die Gebührenhöhe an den Preisen für ÖPNV-Tickets (Tages-, Wochen-, Monats- und Jahresticket) zu orientieren. Hierdurch kann erreicht werden, dass die gebührenzahlenden Kfz-Nutzer ein Mobilitätsguthaben erhalten, welches die Ticketpreise abdeckt. Über die gezahlte Gebühr hinaus muss der Kfz-Nutzer bei dieser Ausgestaltung keine weitere Zahlung für den ÖPNV leisten. Ähnlich der oben (unter C.II.4.) dargestellten Variante des Bürgertickets („kostenfreier ÖPNV nur für Einwohner") würde so ein „kostenfreier ÖPNV nur für Kfz-Nutzer" geschaffen. Die Gebühr würde demnach sowohl für die Nutzung des ÖPNV-Systems als auch für die Nutzung des Straßennetzes eingesetzt werden.

Wie dargestellt sind die Länder für die Regelung von „Straßennutzungsgebühren" dann gesetzgebungskompetent, wenn der Bund von seiner Gesetzgebungskompetenz keinen Gebrauch gemacht hat. Für Bundesstraßen sieht § 7 Abs. 1 S. 4 Fernstraßengesetz (FStrG) vor, dass die Erhebung von Gebühren für den Gemeingebrauch einer besonderen gesetzlichen Regelung bedarf. Dies gilt jedoch ausdrücklich nur für Bundesstraßen des Fernverkehrs (Bundesfernstraßen, vgl. § 1 FStrG). Jedoch unterfallen auch Bundesstraßen in Ortsdurchfahrten dem FStrG.[44]

Nach Art. 74 Abs. 1 Nr. 22 GG erstreckt sich die konkurrierende Gesetzgebungskompetenz des Bundes auf den Bau und die Unterhaltung von Landstraßen für den Fernverkehr sowie die Erhebung und Verteilung von Gebühren oder Entgelten für die Benutzung *öffentlicher Straßen* mit Fahrzeugen. Der *„Bau und die Unterhaltung von Landstraßen für den Fernverkehr"* betrifft Bundesautobahnen und Bundesstraßen – somit alle baulichen und sonstigen Maßnahmen von der Planung bis zur Kostentragung.[45] Die Kompetenz zur Erhebung von Entgelten i. S. v. Art. 74 Abs. 1 Nr. 22 GG

---

44 *Wolfahrt*, in: Haus/Krumm/Quarch (Hrsg.), Gesamtes Verkehrsrecht, 2. Aufl. 2017, § 1 FStrG Rn. 7; *Marschall*, FStrG, 6. Aufl. 2012, § 1 Rn. 31.

45 *Seiler*, in: Epping/Hillgruber (Fn. 31), Art. 74 Rn. 84.

erstreckt sich hingegen auf alle *öffentlichen* Straßen. Sie ist explizit nicht auf Landstraßen des Fernverkehrs oder Bundesstraßen beschränkt, sondern umfasst entsprechend der Definition der Straße in § 1 S. 2 StVZO alle für den Straßenverkehr oder für einzelne Arten des Straßenverkehrs bestimmte Flächen.[46]

Die Erhebung von Gebühren für den Gemeingebrauch auf Bundesfernstraßen ist in § 7 Abs. 1 S. 4 FStrG bundesgesetzlich geregelt. Dies schließt grundsätzlich eine landesgesetzliche Regelung aus. Dem Wortlaut der Regelung des § 7 Abs. 1 S. 4 FStrG („besondere gesetzliche Regelung") lässt sich kein Bezug auf Landesgesetze entnehmen, gleichzeitig schließt er diese nicht ausdrücklich aus. Hätte der Bund hier jedoch eine landesgesetzliche Öffnungsklausel schaffen wollen, hätte er eine andere Formulierung verwenden können (vgl. „Landesgesetze" in § 249 Abs. 3 S. 1 BauGB). Aus Gründen der Rechtssicherheit sollte daher davon ausgegangen werden, dass die in § 7 Abs. 1 S. 4 FStrG genannte gesetzliche Regelung damit nur eine bundesgesetzliche Regelung sein kann.

Gem. § 1 Abs. 1 S. 1 Bundesfernstraßenmautgesetz (BFStrMG) ist für die Benutzung der *Bundes*autobahnen und der *Bundes*straßen mit bestimmten Fahrzeugen eine Gebühr zu entrichten (Maut). Zunächst steht es hierbei dahin, wer Träger der Straßenbaulast für eine Straße ist. Sobald es sich um eine Bundesstraße handelt, besteht die Möglichkeit der Gebührenerhebung nach dieser Vorgabe. Nach § 11 Abs. 3 S. 1 BFStrMG steht den Trägern der Straßenbaulast einer mautpflichtigen Straße oder eines Abschnittes einer mautpflichtigen Straße das auf den in ihrer Baulast befindlichen Strecken angefallene Mautaufkommen nach anteiliger Berücksichtigung zu. Das bedeutet, dass selbst bei Erhebung einer Maut auf einer Bundesstraße die Kommune, in deren Verantwortung die Straßenbaulast für diese Straße (oder einen Teil davon) liegt, einen Anspruch auf einen Anteil des Mautaufkommens hat. Dies gilt jedoch gem. § 1 Abs. 1 BFStrMG nur für die Benutzung von Bundesstraßen mit bestimmten Fahrzeugen (Güterkraftverkehr und zulässiges Gesamtgewicht mind. 7,5 Tonnen). Für alle anderen Fahrzeuge ist keine „Maut" in diesem Sinne vorgesehen.

Soweit damit auf derartigen Bundesstraßen – in kommunaler Trägerschaft – auch für weitere Fahrzeuge eine Abgabe erhoben werden soll, ist eine besondere bundesgesetzliche Regelung i. S. v. § 7 Abs. 1 S. 4 FStrG notwendig. Ähnlich dem BFStrMG müsste und sollte der Bund insofern

---

46 *Degenhart*, in: Sachs (Fn. 22), Art. 74 Rn. 97; *Maunz*, in: ders./Dürig (Fn. 24), Art. 74 Rn. 243; *Oeter*, in: v. Mangoldt/Klein/Starck (Fn. 7) Art. 74 Rn. 169; *Murswiek* (Fn. 43), S. 46.

die Möglichkeit der Erhebung von Gebühren auch für andere Fahrzeuge, die nicht unter den Anwendungsbereich des BFStrMG fallen, schaffen oder alternativ dem Landesgesetzgeber eine entsprechende Öffnung einräumen. Das aus der Abgabe gewonnene Aufkommen könnte dann wiederum – ebenso wie in § 11 Abs. 3 S. 1 BFStrMG – dem Träger der Straßenbaulast, den Kommunen, zustehen. Diesen könnte vorgegeben werden, die Mittel zweckgebunden, also zur Steigerung des Verkehrsflusses - insbesondere durch Stärkung des ÖPNV - einzusetzen.

F. Darstellung der Zahlungsströme

Wie dargestellt halten wir es für möglich, die (potenzielle) Gegenleistung für die Zahlung eines Beitrags, also eine Einlösung eines Mobilitätsguthabens, auf den Monat zu begrenzen, in dem der Beitrag gezahlt wird. Bei der City-Maut wird die Gegenleistung für die Zahlung der Gebühr, nämlich die Nutzung der Straße, sowieso unmittelbar in Anspruch genommen, so dass die weitere Gegenleistung, ein „Mobilitätsguthaben", optional ist. Es ist daher rechtlich unbedenklich, dass bei der City-Maut die größte Wahrscheinlichkeit für ein Verfallen des Mobilitätsguthabens besteht.

Die Zahlungsströme lassen sich graphisch wie folgt darstellen:

Fall 1: Mobilitätsguthaben wird eingelöst:

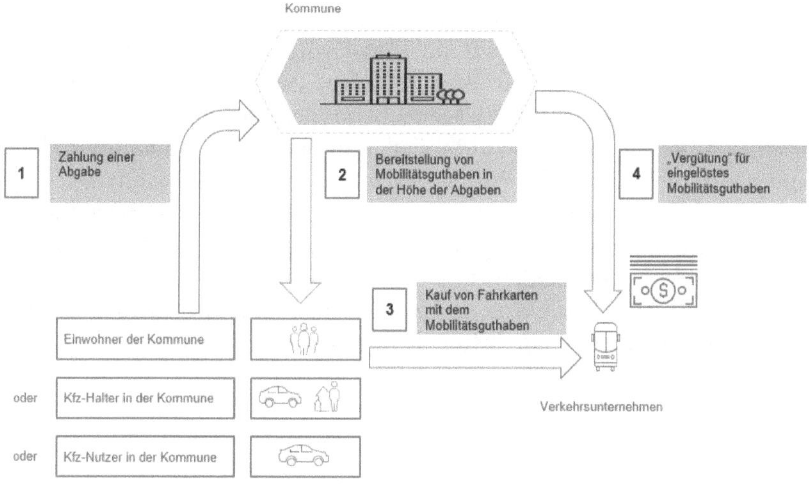

Fall 2: Mobilitätsguthaben wird nicht eingelöst:

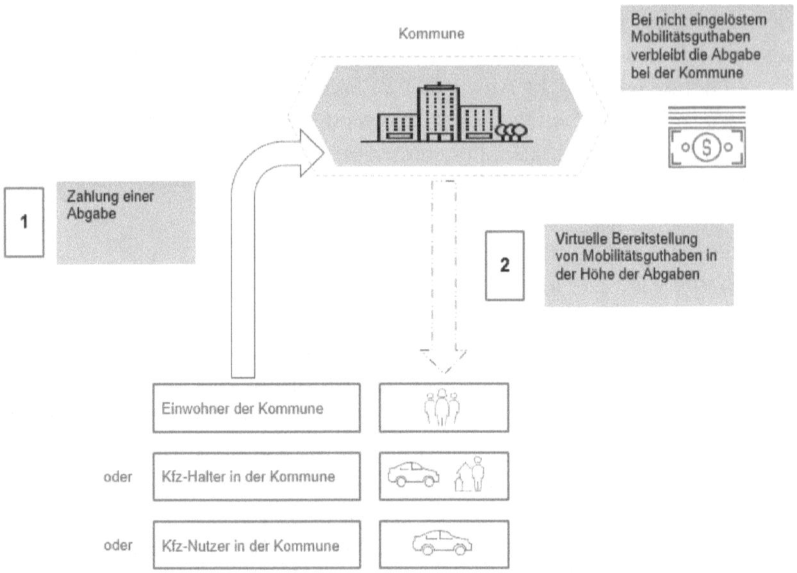

G. Zusammenfassung

Es gibt eine Vielzahl von neuen Finanzierungsmodellen, die umsetzbar sind. Einige Modelle, die nicht im Detail vorgestellt wurden, benötigen keine Gesetzesänderung. Die drei intensiver geprüften Modelle (Bürgerticket, Kfz-Halter-Abgabe, City-Maut) benötigen eine Änderung der Landesgesetze. Bei dem City-Maut-Modell wäre auch eine bundesgesetzliche Änderung sinnvoll, um die Bundesstraßen einbeziehen zu können.

Um die Verkehrswende finanzieren zu können ist es notwendig, die Finanzierungsmöglichkeiten grundsätzlich zu überdenken. Das Land hat die Möglichkeit, den Städten Optionen für eine Drittnutzerfinanzierung einzuräumen. Diese Möglichkeiten sollten die Länder den Städten einräumen. Ob die Städte eines der Modelle nutzen wollen, liegt dann bei ihnen.

Neue Regulierungsansätze für Sharing-Angebote

Dr. Roman Ringwald[*]

A. Einleitung

In verschiedenen Ballungszentren der Bundesrepublik haben die Angebote von Mietfahrzeugen, die das gewerbliche Vermieten von Fahrzeugen im öffentlichen Raum bezwecken, bis zum Jahr 2020 sehr deutlich zugenommen. Es gibt nicht nur eine zunehmende Zahl von Varianten von Mietfahrzeugangeboten, wie Car-, Bike-, Pedelec-, Scooter- oder Roller-Angebote.[1] Auch die Anzahl der Anbieter und der eingesetzten Fortbewegungsmittel steigen seit Jahren kontinuierlich: Besonders dynamisch entwickelte sich dabei etwa in den Jahren 2018/2019 die Vermietung der E-Scooter-Anbieter. Ende 2019 gab es allein in Berlin bereits 16.000 E-Scooter. Hinzu kommen dort noch 14.000 Fahrräder, 6.000 stationslose und 1.000 stationsgebundene Miet-Pkws sowie 2.300 Elektroroller.

Der öffentliche Raum wird dadurch stark in Anspruch genommen und es entstehen zusätzliche Nutzungskonflikte, wie Berichte über unachtsam abgestellte E-Scooter, die zu einer gefährlichen Stolperfalle für Fußgänger werden, zeigen. Diese Entwicklung wurde durch die Auswirkungen der Corona-Pandemie zwar überlagert, es spricht jedoch sehr viel dafür, dass neue Mobilitätsangebote im Jahr 2021 wieder deutlich an Dynamik gewinnen werden.

In der verkehrspolitischen Diskussion tritt daher zunehmend die Frage auf, ob und in welcher Weise Kommunen steuernd eingreifen können und sollten. Im Wesentlichen geht es dabei um stationsunabhängige Angebote von Mietfahrzeugen, denn stationsabhängige Mietfahrzeugangebote sind im öffentlichen Raum bereits jetzt nicht ohne Sondernutzungserlaubnis zulässig. Von Bedeutung ist dabei auch, dass inzwischen eine Reihe größerer Kommunen – wie Bremen, Leipzig und Düsseldorf – den Betrieb

---

* Der Verfasser ist Rechtsanwalt und Partner bei Becker Büttner Held, Berlin.

1 Zu E-Scootern zählen Tretroller mit Elektroantrieb, die von der Elektrokleinstfahrzeuge-VO vom 06.06.2019 (BGBl I S. 756) umfasst sind. E-Roller werden in diesem Beitrag als Motorroller mit Elektroantrieb bezeichnet.

stationsunabhängiger Angebote von Mietfahrzeugen nur noch auf Basis von Sondernutzungserlaubnissen zulassen.

Vor diesem Hintergrund ist im Rahmen dieser rechtlichen Stellungnahme zu würdigen, ob stationsunabhängige Angebote von Mietfahrzeugen bereits nach der aktuellen Gesetzeslage erlaubnispflichtig sein können oder ob eine solche Erlaubnispflicht durch eine neue gesetzliche Regelung eingeführt werden könnte. Der wichtigste Ansatzpunkt hierfür ist die straßenrechtliche Sondernutzungserlaubnis.

B. Rechtliche Würdigung

Fraglich ist deswegen, ob stationsunabhängige Mietfahrzeugangebote im öffentlichen Raum bereits nach aktueller Gesetzeslage eine Sondernutzung darstellen, die einer Sondernutzungserlaubnis bedürfen.

I. Zur Rechtsgrundlage

Die verschiedenen Landesstraßengesetze bestimmen in ähnlicher Form, dass die öffentlichen Straßen dem Gemeingebrauch dienen und ohne besondere Erlaubnis im Rahmen der Widmung genutzt werden dürfen. Demgegenüber ist eine Sondernutzung dann anzunehmen, wenn der Gebrauch der öffentlichen Straße über den Gemeingebrauch hinausgeht. Hierfür bedarf es einer gesonderten Erlaubnis.

Der Gemeingebrauch beschreibt dabei eine Nutzung der öffentlichen Straßen zum Verkehr; nur soweit sich eine Straßenbenutzung noch als „Verkehr“ darstellt, kann sie vom Gemeingebrauch erfasst werden. Der zu beurteilende Verkehrsvorgang liegt nur dann innerhalb des Widmungszwecks „zum Verkehr“ und damit innerhalb des Gemeingebrauchs der öffentlichen Straßen, wenn dabei der Verkehrsvorgang – fließend oder ruhend – im Vordergrund steht.[2]

Das ist dann nicht der Fall, wenn die öffentliche Straße durch ein Fortbewegungsmittel ausschließlich oder überwiegend zu anderen Zwecken als verkehrlichen Zwecken in Anspruch genommen und dieses dadurch zu einer auf eine Straße aufgebrachten verkehrsfremden „Sache“ – nicht anders als jeder beliebige sonstige Gegenstand – wird. Derartige Vorgänge

---

2 *Sauthoff*, Öffentliche Straßen, 2. Aufl. 2010, S. 125; BVerwG, Beschl. v. 28.8.2012 – 3 B 8/12.

fallen bereits aus der Widmung zum Verkehr und damit aus dem einschlägigen Gemeingebrauch heraus, da sie nicht „zum Verkehr“ vorgenommen werden.[3] Vorliegend kommt es daher darauf an, ob das Anbieten von Mietfahrzeugen noch im Rahmen dessen liegt, was mit diesem Widmungszweck eigentlich bezweckt wird.[4] Nicht mehr vom Widmungszweck in diesem Sinne gedeckt sein können insbesondere gewerbliche Aktivitäten. Wird die Straße überwiegend zu verkehrsfremden Zwecken, zum Beispiel zu gewerblichen Zwecken genutzt, liegt eine Sondernutzung vor, deren Ausübung von der Erteilung einer Sondernutzungserlaubnis abhängt.[5]

II. Gemeingebrauch und Sondernutzung

Hinsichtlich der Einordnung stationsunabhängiger Mietfahrzeugangebote als Gemeingebrauch oder Sondernutzung ist zwischen der Person des Kunden und der Person des Anbieters stationsunabhängiger Mietfahrzeugangebote zu unterscheiden.

1. Kunde

Die Teilnahme am Straßenverkehr mit einem gemieteten Fortbewegungsmittel ist Teil des Gemeingebrauchs der Straße – genauso wie dies auch bei stationsgebundenen Angeboten von Mietfahrzeugen der Fall ist. Der Gemeingebrauch erfasst nämlich alle Verhaltensweisen, die noch der Teilnahme am Straßenverkehr dienen. Umfasst ist nicht nur die Fortbewegung als solche[6], sondern auch die dafür erforderlichen Verhaltensweisen. So zählt das Parken, also die Unterbrechung der Fortbewegung mit dem PKW, zu dem vom Gemeingebrauch umfassten Verkehr. Auch wenn der Verkehr in erster Linie auf Fortbewegung angelegt ist („fließender Verkehr“), umfasst er notwendigerweise aber auch, dass ein Fahrzeug zwischen den „fließenden“ Verkehrsvorgängen abgestellt wird („ruhender Verkehr“).[7]

---

3 Vgl. VG Hamburg, Urt. v. 20.3.2015 – 11 K 3271/13.
4 VG Hamburg, Urt. v. 20.3.2015 – 11 K 3271/13; *Sauthoff* (Fn. 2), S. 125.
5 *Sauthoff* (Fn. 2), S. 125; *Johannisbauer*, E-Scooter in deutschen Großstädten – Erlaubnispflichtige Sondernutzung oder bloßer Gemeingebrauch?, NJW 2019, 3614 (3616).
6 *Kodal*, Straßenrecht, 7. Aufl. 2010, Kap. 25 Rn. 21,31.
7 OVG Hamburg, Beschl. v. 19.6.2009, 2 Bs 82/09.

Der Verkehrsteilnehmer verwendet die Fahrzeuge des Mietfahrzeugangebots (Pkw, Fahrräder, Elektroroller, E-Scooter) zum Zwecke der Ortsveränderung und parkt sie nach der Nutzung. Dadurch unterscheidet sich sein Verhalten – mit der Ausnahme, dass der Kunde der Mietfahrzeugangebote die Geschäftsbedingungen des Anbieters beachten muss – nicht erheblich von der Nutzung dieser Fortbewegungsmittel außerhalb der Angebote von Mietfahrzeugen.

2. *Anbieter*

Es erscheint jedoch sehr fraglich, ob diese Bewertung auf den Anbieter der Angebote von Mietfahrzeugen übertragen werden kann. Denn der Anbieter geht mit dem Angebot von Mietfahrzeugen auf öffentlichen Straßen einem Gewerbe im öffentlichen Verkehrsraum nach. Sein Verhalten unterscheidet sich dabei grundsätzlich von dem verkehrlichen Verhalten der übrigen Straßenbenutzer.

a) Verfolgung verkehrsfremder Zwecke durch Anbieter

Der Anbieter von Mietfahrzeugangeboten verfolgt mit dem Aufstellen der Fahrzeuge einen über die bloße Verkehrsteilnahme hinausgehenden Zweck und zwar das Anbieten einer gewerblichen Leistung, so dass sein Verhalten nicht mehr als Gemeingebrauch einzuordnen ist. Zwar werden die Fahrzeuge auf der öffentlichen Straße auch zur jederzeitigen Möglichkeit der Ortsveränderung durch die Kunden, und damit grundsätzlich zur Teilnahme am Verkehr, aufgestellt. Vorwiegend verfolgt der Anbieter jedoch einen anderen Zweck: das Anbieten einer gewerblichen Vermietung von Fahrzeugen. Aus Sicht des Anbieters der Angebote von Mietfahrzeugen dient die Nutzung der öffentlichen Straße durch die Zurverfügungstellung von Fahrzeugen damit nicht mehr der Ortsveränderung, sondern der Ausübung einer unternehmerischen Tätigkeit.

Wird die Straße nicht vorwiegend zum Verkehr, sondern zu anderen Zwecken genutzt, stellt dies grundsätzlich eine Sondernutzung dar, die der Erlaubnis bedarf.[8] Verfolgt der Straßenbenutzer mit seinem Tun verschie-

---

8 *Sauthoff* (Fn.2), S. 124 ff.

dene Zwecke, so entscheidet der überwiegende Zweck darüber, ob noch Gemeingebrauch vorliegt oder eine Sondernutzung gegeben ist.[9]

Es können auch Benutzungsarten vom Gemeingebrauch ausgeschlossen sein, die sich äußerlich zwar als Teilnahme am Straßenverkehr darstellen, bei denen aber wegen des über die Straßenbenutzung hinaus verfolgten anderweitigen Zwecks die Merkmale der Straßenbenutzung zu Zwecken des Verkehrs nicht mehr überwiegen.[10]

So hat das OVG Lüneburg in einem ähnlich gelagerten Fall das Anbieten von Kutschfahrten im öffentlichen Raum als straßenrechtliche Sondernutzung eingestuft.[11] Die Annahme einer Sondernutzung begründet das OVG Lüneburg mit dem Angebot von Personentransportdienstleistungen, unabhängig davon, dass diese Dienstleistung ihrerseits in der Teilnahme an Verkehrsvorgängen besteht. Entscheidend sei vielmehr, dass sich das Verhalten des Anbieters einer Beförderungsleistung wesentlich von dem vom verkehrsbezogenen Gemeingebrauch anderer Verkehrsteilnehmer unterscheidet und das Aufstellen der Fahrzeuge zu einem anderen Zweck als der späteren Inbetriebnahme erfolge, und zwar dem Anbieten einer Leistung als Personentransportunternehmen. Dabei sei unerheblich, dass die angebotene Leistung ihrerseits eine Teilnahme am Verkehrsvorgang darstelle. Denn entscheidend sei, dass sich das Verhalten des Anbieters wesentlich von dem verkehrsbezogenen Gemeingebrauch unterscheide.

Diese Argumentation des OVG Lüneburg lässt sich auf die Geschäftsmodelle der Anbieter der Mietfahrzeugangebote übertragen. Das Aufstellen der Fahrzeuge erfolgt zu einem anderen Zweck als der Teilnahme am ruhenden und fließenden Verkehr auf der Straße. Denn mit dem Aufstellen der Fahrzeuge verfolgen die Anbieter in erster Linie keinen verkehrlichen Zweck, sondern das Anbieten einer gewerblichen Leistung als Vermieter von Fahrzeugen. Diese Leistung hebt sich wesentlich von den üblichen verkehrsbezogenen Tätigkeiten des Gemeingebrauchs ab. Die Fahrzeuge im Rahmen der Mietfahrzeugangebote werden alleine deshalb im öffentlichen Raum abgestellt, um diese für die gewerbliche Nutzung anzubieten. Daher unterscheidet sich der Anbieter der Mietfahrzeugangebote auch nicht wesentlich von einem Ladeninhaber, der vor seinem Geschäftslokal Waren anbietet und dafür unstreitig einer Sondernutzungserlaubnis bedarf.[12] Dass dabei der Anbieter von Mietfahrzeugangeboten,

---

9 Vgl. auch LG Frankfurt a.M., Urt. v. 27.9.2002 – 3/12 O 43/02.

10 BVerwG, Urt. v. 22.1.1971 – VII C 61.70; *Johannisbauer*, NJW 2019, 3614 (3616).

11 OVG Lüneburg, Beschl. v. 3.9.1997, DVBl. 1997, 1336.

12 Dazu *Kodal* (Fn. 6), Kap. 25 Rn. 95 ff.

anders als der Ladeninhaber, eine gewerbliche Leistung anbietet, die ihrerseits in der Teilnahme an Verkehrsvorgängen besteht, führt nach Auffassung des OVG Lüneburg nicht zu einer anderen Beurteilung.[13] Anders als normale Benutzer der öffentlichen Straßen wollen Anbieter von Mietfahrzeugangeboten die Fahrzeuge nicht bewegen, sondern die öffentlichen Straßen ausschließlich zur Ausübung ihrer unternehmerischen Tätigkeit nutzen. Sie verfolgen mit dem Bereitstellen von den Fahrzeugen einen über die Teilnahme am Verkehr hinausgehenden Zweck, nämlich das Anbieten einer gewerblichen Leistung in Gestalt eines Mietangebots zur Fortbewegung. Die Nutzung der öffentlichen Straße dient damit nicht nur zur Ortsveränderung, sondern der Ausübung ihrer unternehmerischen Tätigkeit.

In diesem Sinne hat auch das OVG Nordrhein-Westfalen zu einem stationsunabhängigen Bike-Sharing-Angebot entschieden. Zwar erfolge das Abstellen der Fahrräder auch zum Zwecke der späteren Wiederinbetriebnahme; im Vordergrund stehe indessen der mit dem abgestellten Fahrrad verfolgte gewerbliche Zweck, den Abschluss eines Mietvertrags zu bewirken. Dieser gewerbliche Zweck begründe die Annahme einer Sondernutzung.[14]

Dabei unterscheiden sich die Geschäftsmodelle der Anbieter von Mietfahrzeugangeboten erheblich von der verkehrlichen Nutzung der übrigen Nutzer. So werden Fahrzeuge im Zusammenhang mit Mietfahrzeugangeboten in erster Linie an stark frequentierten Stellen im Innenstadtgebiet aufgestellt. Dass die Anbieter überwiegend gewerbliche Zwecke mit dem Aufstellen von Fahrzeugen verfolgen, zeigt sich besonders deutlich an dem Beispiel der E-Scooter, die nachts neu im Stadtgebiet verteilt werden, um an den wirtschaftlichsten Stellen verfügbar zu sein. Ebenso werden die Carsharing-Fahrzeuge (auch) regelmäßig von Service-Mitarbeitern eingesammelt und (soweit es sich dabei um Elektrofahrzeuge handelt) geladen. Auch begrenzen die Modelle der Mietfahrzeugangebote ihr Geschäftsgebiet regelmäßig auf den Innenstadtbereich. Während es einem normalen Verkehrsteilnehmer offensteht, sein Fahrzeug unter Beachtung der Vorgaben der StVO an jedem Ort abzustellen, ist ein Parken von Fahrzeugen im Rahmen der Mietfahrzeugangebote nur innerhalb des nach wirtschaftlichen Kriterien definierten Geschäftsgebiets möglich. Doch selbst innerhalb dieser Geschäftsgebiete darf der Mietvorgang nach den Vorgaben des jeweiligen Anbieters für die Fahrzeuge nicht überall beendet werden.

---

13 Vgl. OVG Lüneburg, Beschl. v. 3.9.1997, DVBl. 1997, 1336.

14 OVG Nordrhein-Westfalen, Beschl. v. 20.11.2020 - 11 B 1459/20, insb. Rn. 36 ff.

Mit dem Geschäftskonzept der Anbieter von Mietfahrzeugangeboten wird die öffentliche Straße zu gewerblichen Zwecken genutzt. Die Bereitstellung von diesen Mietfahrzeugen für verkehrliche Zwecke (insbesondere zur Ortsveränderung für Kunden) stellt daher lediglich ein Mittel zum eigentlichen Zweck, gewerbliche Tätigkeit in Gestalt eines Mietangebots zur Fortbewegung, dar. Dass Anbieter mit dem Angebot von Mietfahrzeugen überwiegend gewerbliche Zwecke verfolgen, zeigt sich nicht zuletzt auch daran, dass sich die Anbieter vermehrt zurückziehen, sobald der wirtschaftliche Erfolg ausbleibt.

b) Abweichende Rechtsprechung des BVerwG und OVG Hamburg

Etwas anderes folgt auch nicht aus der Rechtsprechung des Bundesverwaltungsgerichts zu dem klassischen Angebot einer Autovermietung und des OVG Hamburg zu den Mietfahrrädern.

In der Entscheidung des Bundesverwaltungsgerichts aus dem Jahr 1982 ging es um eine Firma, die eine Autovermietung mit ca. 30 Lkw und 130 Pkw betreibt und auf ihrem Betriebsgelände nicht über genügend eigene Stellplätze verfügte und die deswegen einen Teil ihrer Mietfahrzeuge (bis zur erneuten Vermietung) in der Umgebung des Betriebes, auf öffentlichen Straßen abstellte. Das Gericht bewertete dieses Verhalten nicht als Sondernutzung und begründete dies im Wesentlichen wie folgt[15]:

> *„Die Beigel. tut nichts anderes, als zum Verkehr zugelassene und betriebsbereite Kraftfahrzeuge bei objektiv gegebener und gewollter Möglichkeit jederzeitiger Inbetriebnahme auf der Straße aufzustellen und damit von dem gem. § 12 Absatz II StVO zulässigen Verkehrsvorgangs des Parkens Gebrauch zu machen. Daß dies im Zusammenhang mit der Kraftfahrzeugvermietung geschieht, ist unschädlich. Das gewerbliche Instrument der Vermietung und das deshalb veranlaßte Bereitstellen der Kraftfahrzeuge auf der Straße dienen der Beigeladenen lediglich dazu, die von vornherein bezweckte Wiederinbetriebnahme der Kraftfahrzeuge als Verkehrsmittel zu erreichen; es vermag diesen Verkehrszweck selbst nicht zu verdrängen."*

In ähnlicher Weise – und unter Bezug auf die Rechtsprechung des Bundesverwaltungsgerichts – hat das OVG Hamburg in einer Entscheidung

---

15 BVerwG, Urt. v. 3.6.1982 – 7 C 73/79, Rn. 13 (juris).

aus dem Jahr 2009 zu einem stationsunabhängigen Fahrradvermietungs-System ausgeführt[16]:

> *„Allerdings ist der Antragsgegnerin einzuräumen, dass […] das Geschäftskonzept der Antragstellerin darauf basiert, dass der wirtschaftliche Vorgang der Anmietung unmittelbar auf der Straße abgewickelt werden kann. […] Dass damit […] die Inanspruchnahme des Straßenraums „nicht nur“ dem Abstellen der Fahrräder dient bzw. ein „zusätzlicher über die bloße Teilnahme am ruhenden Verkehr hinausgehender“ Zweck verfolgt wird, vermag aber nicht schon das Vorliegen einer Sondernutzung zu begründen. Wie bereits oben ausgeführt, ist das Abstellen eines Fahrzeugs vom Gemeingebrauch nur dann nicht gedeckt, wenn es vorrangig zu einem anderen Zweck als der Wiederinbetriebnahme erfolgt (vgl. BVerfG, Beschl. v. 9.10.1984, a.a.O., S. 323) bzw. ein anderer Zweck den Verkehrszweck verdrängt (vgl. BVerwG, Urt. v. 3.6.1982, a.a.O., S. 2333). […] Das Anbieten der Fahrzeuge und die - zwar mögliche, aber nach dem Vortrag der Antragstellerin nicht notwendig nur so erfolgende - Abwicklung der Anmietung auf der Straße gehen der Wiederinbetriebnahme zwar voraus. Sie sind aber in der konkreten Ausgestaltung marginal und vor allem ihrerseits auf die Teilnahme am Straßenverkehr gerichtet und machen die Fahrräder somit nicht zu einer verkehrsfremden Sache. Darin unterscheidet sich der Sachverhalt von dem gewerblichen Anbieten sonstiger Leistungen und Waren auf öffentlichen Straßen, das als Sondernutzung eingeordnet werden kann.“*

Die Abwicklung der Anmietung auf der Straße ist daher als Ausdruck der Geschäftstätigkeit des Anbieters zwar selbständig zu würdigen, nach Auffassung des OVG Hamburg aber so unbedeutend und (mittelbar) auf eine Verkehrsteilnahme gerichtet, dass die zur Vermietung in den öffentlichen Raum gestellten Räder dadurch nicht zur verkehrsfremden Sache werden.

Aus diesen beiden Entscheidungen folgt aber nicht, dass die stationsunabhängigen Angebote von Mietfahrzeugen dem Gemeingebrauch zuzuordnen wären.

aa) Abweichende Tatsachengrundlage

Dies liegt zunächst an den abweichenden Sachverhalten, die den beiden Entscheidungen zugrunde lagen. Denn die aktuellen Geschäftsmodelle der Anbieter von Mietfahrzeugangeboten unterscheiden sich erheblich

---

16 OVG Hamburg, Beschl. v. 19.6.2009 – 2 Bs 82/09, Rn. 9 (juris).

von den angeführten Geschäftsmodellen des klassischen Autovermieters und des Anbieters von Mietfahrrädern. Dies wird besonders deutlich bei der Entscheidung des Bundesverwaltungsgerichts, das sich gar nicht mit einem Angebot von Mietfahrzeugen, sondern mit einer klassischen Autovermietung beschäftigt hat. Zudem handelte es sich bei dem vom Bundesverwaltungsgericht zu entscheidenden Fall lediglich um eine ergänzende Nutzung des öffentlichen Raums, während die hier zu prüfenden Angebote von Mietfahrzeugen ausschließlich oder zumindest weitgehend im öffentlichen Raum erfolgen und abweichend von dem klassischen Autovermieter die öffentliche Straße als Betriebsgelände nutzen. Von einer ergänzenden Nutzung des öffentlichen Raums kann bei den Geschäftsmodellen der Mietfahrzeugangebote nicht die Rede sein.

Das OVG Hamburg hat demgegenüber zwar zu einem ähnlichen Geschäftsmodell, aber auch auf einer anderen Tatsachengrundlage entschieden. Die aktuellen Mietfahrzeugangebote erschöpfen sich gerade nicht (mehr) in der Bereitstellung von Fahrzeugen zur Fortbewegung. So werden zum Beispiel die Fahrzeuge in den wirtschaftlich lukrativen Innenstadtbereichen platziert und regelmäßig umverteilt. Auch hatte das OVG Hamburg nicht zu entscheiden, wie der Fall zu beurteilen wäre, wenn Fahrzeuge der Mietfahrzeugangebote öffentliche Ladeeinrichtungen für die übrigen Verkehrsteilnehmer blockieren oder unachtsam auf Bürgersteigen abgestellt werden und somit zu einer Beeinträchtigung für andere werden.

Beide Entscheidungen konnten zudem die erhebliche Zunahme an Fahrzeugen im Zusammenhang mit Mietfahrzeugangeboten noch nicht berücksichtigen. So waren im Jahr 2010 deutschlandweit nur 6.000 Mietfahrräder im Einsatz, während 2018 alleine in Berlin 16.000 Mietfahrräder angeboten wurden.[17] Anbieter von E-Scootern waren 2009 noch gar nicht auf dem Markt aktiv. Ebenso war die Zunahme der Verbreitung von Anbietern von Pkw-Mietangeboten noch nicht absehbar. Der offizielle Markteintritt von car2go und DriveNow begann erst im Jahr 2010 bzw. 2011.[18] Diese Entwicklung – mitsamt der entsprechenden Nutzungskonflikte – lag dem OVG Hamburg in seiner Entscheidung noch nicht vor.

---

17 https://www.agora-verkehrswende.de/fileadmin/Projekte/2018/Stationslose_Bikesharing_Systeme/Agora_Verkehrswende_Bikesharing_WEB.pdf.

18 https://brandhub.share-now.com/web/6570a0eb69e15b2f/factsheets/?mediaId=1B4D451F-596E-458B-99D94C9DD12439FC.

bb) Abweichende Rechtsauffassung des OVG Hamburg

Aber auch unabhängig von dem veränderten Sachverhalt kann die Entscheidung des OVG Hamburg materiell-rechtlich nicht überzeugen. Zunächst ist festzuhalten, dass sich eine einheitliche Rechtsprechung zu der Frage, ob stationsunabhängige Mietfahrzeugangebote als Sondernutzung oder Gemeingebrauch einzustufen sind, noch nicht entwickelt hat und das OVG Hamburg ausdrücklich von der Entscheidung des OVG Lüneburg abweicht,[19] die aber wesentlich überzeugender ist.

Das OVG Lüneburg hat, wie bereits oben dargestellt, ein grundsätzlich anderes Verständnis der Sondernutzung durch gewerbliche Angebote im öffentlichen Raum entwickelt und führt in einer Entscheidung aus dem Jahr 1997, zum Angebot von Kutschfahrten im öffentlichen Raum, wie folgt aus[20]:

> *„In dem hier zu entscheidenden Fall will sich die Ast. aber nicht darauf beschränken, ihre Kutschfahrzeuge lediglich auf dem Parkstreifen der Straße „Zur D." über einen kürzeren oder längeren Zeitraum aufzustellen. Vielmehr verfolgt sie mit dem Parkvorgang einen zusätzlichen, über die bloße Verkehrsteilnahme (Teilnahme am ruhenden Verkehr) mit ihren Fahrzeugen hinausgehenden Zweck, und zwar das Anbieten einer Leistung in Form von Kutschfahrten. Damit dient die Inanspruchnahme des Straßenraumes (Parkstreifens) nicht nur dem bloßen (Dauer-)Parken - mit der jederzeitigen Möglichkeit der Ortsveränderung, ggf. auch durch einen Dritten (s. BVerwG, Urt. v. 4.3.1962, aaO und BayVGH, aaO) -, sondern vorwiegend einem „anderen Zweck" i.S. des § 14 I Satz 3 StrG, und zwar dem Anbieten einer (Beförderungs-)Leistung. Wird aber der Straßenraum (Parkraum) vorwiegend zu einem nicht mehr verkehrsbezogenen (gewerblichen) Verhalten wie dem Verkauf von Waren oder dem Anbieten von Leistungen gegen Entgelt genutzt, so liegt nicht mehr Gemeingebrauch, sondern Sondernutzung vor (vgl. Wiget, aaO, RdNr. 51 zu Art. 18, Stichwort „Straßenhandel"; s. auch Grote, aa0, Kap. 24, RdNr. 96.2 (S. 595)); denn das Aufstellen eines Fahrzeuges erfolgt hier zu einem anderen Zweck als der späteren Inbetriebnahme (zu der dann wieder beabsichtigten Teilnahme am fließenden Verkehr) (vgl. BVerwG, Urt. v. 12.12.1969, aaO). Verfolgt die Ast. mit ihrem Parken auf dem Parkstreifen aber vornehmlich einen anderen Zweck, und zwar das Anbieten ihrer Leistungen als Personentransportunternehmerin, so ist es auch unerheblich, dass sie eine Leistung anbietet, die ihrerseits in der Teilnahme*

19 OVG Hamburg, Beschl. v. 19.6.2009 – 2 Bs 82/09.

20 OVG Lüneburg, Beschl. v. 3.9.1997, DVBl. 1997, 1336.

> *an Verkehrsvorgängen besteht. Entscheidend ist vielmehr, dass sich das Verhalten der Ast. durch das Anbieten einer (Beförderungs-)Leistung wesentlich von dem vom verkehrsbezogenen Gemeingebrauch gedeckten (Dauer-) Parken abhebt. Dass es sich insoweit um eine Sondernutzung des Straßenraumes und nicht mehr um die Teilnahme am Gemeingebrauch (Straßenverkehr) handelt, wird auch daran deutlich, dass das Verkehrsrecht selbst, die Straßenverkehrsordnung, das Anbieten von Leistungen bei einem Verkehrsvorgang nicht uneingeschränkt zuläßt (vgl. § 33 StVO), sondern nur unter bestimmten einschränkenden Voraussetzungen und ggf. nur nach Erteilung einer Ausnahmegenehmigung nach § 46 Absatz I Nr. 9 und 10 StVO gestattet.“*

Die Annahme einer Sondernutzung begründet das OVG mit dem Angebot von Personentransportdienstleistungen, unabhängig davon, dass diese Dienstleistung ihrerseits in der Teilnahme an Verkehrsvorgängen besteht. Entscheidend sei vielmehr, dass sich das Verhalten des Anbieters einer Beförderungsleistung wesentlich von dem verkehrsbezogenen Gemeingebrauch anderer Verkehrsteilnehmer unterscheidet.

Dieser rechtlichen Bewertung hat sich inzwischen auch das OVG Nordrhein-Westfalen angeschlossen und eine Sondernutzung – in Abgrenzung von der zitierten Entscheidung des OVG Hamburg – bei einem stationsunabhängigen Sharing-Angebot angenommen.[21]

c) Einschränkung des Gemeingebrauchs der übrigen Verkehrsteilnehmer

Bei der Unterscheidung zwischen Gemeingebrauch und Sondernutzung hilft es auch, den Schutzzweck der Erlaubnis für die Sondernutzung miteinzubeziehen. Der Zweck der Erlaubnispflicht für Sondernutzungen ist in dem öffentlich-rechtlichen Bedürfnis zu sehen, zeitlich und örtlich gegenläufige Interessen verschiedener Straßenbenutzer auszugleichen.[22] Dabei müssen die zu berücksichtigenden Belange nicht ausschließlich straßenrechtliche Belange sein.[23] Es müssen auch nicht nur straßenverkehrsrechtliche Erwägungen (insbesondere Leichtigkeit und Sicherheit des Verkehrs) berücksichtigt werden, sondern es dürfen auch sonstige Belange in die Abwägung mit einbezogen werden, solange zumindest noch ein Be-

21 OVG Nordrhein-Westfalen, Beschl. v. 20.11.2020 - 11 B 1459/20, insb. Rn. 36 ff.
22 VGH Mannheim, Urt. v. 18.3.2014 – 5 S 348/13; *Kodal* (Fn. 6), Kap. 27 Rn. 14.
23 OVG Berlin-Brandenburg, Urt. v. 3.11.2011 – OVG 1 B 65.10.

zug bzw. ein Funktionszusammenhang zur Straße besteht.[24] Diese Belange müssen aber auch ein so großes Gewicht haben, dass sie der Erteilung einer Sondernutzungserlaubnis entgegenstehen können („überwiegende" Belange). Es reicht nicht jedes beliebige Interesse.

Es ist in der Rechtsprechung anerkannt, dass der Schutzzweck des für Sondernutzungen bestehenden Erlaubnisvorbehalts auch das öffentlich-rechtliche Bedürfnis ist, beim Zusammentreffen gegenläufiger Straßennutzungsinteressen verschiedener Nutzungsinteressenten den erforderlichen Interessenausgleich zu schaffen.[25] Denn durch das Erlaubnisverfahren soll sichergestellt werden, dass die zuständigen Behörden erkennbare Störungen verhindern und bei Interessenkollisionen einen Ausgleich schaffen.[26] Insgesamt dient daher das Verhältnis von Gemeingebrauch und Sondernutzung und das damit verbundene Erfordernis einer Sondernutzungserlaubnis der Lösung bestehender Verteilungs- und Nutzungskonflikte an öffentlichen Straßen.

Mit der Zunahme der Modelle von Mietfahrzeugangeboten ist gleichzeitig eine Einschränkung des Gemeingebrauchs der anderen Verkehrsteilnehmer verbunden. So werden E-Scooter häufig auf Bürgersteigen abgestellt bzw. umgeworfen und stellen so eine erhebliche Beeinträchtigung für die übrigen Verkehrsteilnehmer dar. Die Beeinträchtigung muss nicht notwendig allein das Recht der Gefahrenabwehr betreffen. So wird ein umgeworfener E-Scooter auch das verkehrliche Fortkommen von anderen Verkehrsteilnehmern, z.B. Fußgängern oder Rollstuhlfahrern beeinträchtigen. Der Schritt hin zu einer Sondernutzung ist jedenfalls dann erreicht, wenn die Nutzung der Straße durch die Anbieter von Mietfahrzeugangeboten den Gemeingebrauch der anderen Verkehrsteilnehmer unzumutbar beeinträchtigt.

Es entspricht nämlich gerade dem Sinn und Zweck der Sondernutzung, dass diejenigen Fallgestaltungen der erlaubnispflichtigen Sondernutzung zugeordnet werden, die den widmungsgemäßen Verkehr der übrigen Benutzergruppen beinträchtigen.[27] Denn wie bereits ausgeführt, dient das Regime der Sondernutzungserlaubnis der Verhinderung von Störungen und dem Ausgleich von Interessenkollisionen.

Im Ergebnis nimmt der Anbieter von Mietfahrzeugangeboten damit die Straße in Anspruch, ohne dass dabei der Verkehrszweck im Vordergrund

---

24 Vgl. Bericht der Bundesanstalt für Straßenwesen (Hrsg.), Grundfragen des straßenrechtlichen Nutzungsregimes, 2017, S. 16.

25 VGH Mannheim, Urt. v. 18.3.2014 – 5 S 348/13.

26 *Sauthoff* (Fn. 2), S. 154.

27 *Johannisbauer*, NJW 2019, 3614 (3616).

steht. Vielmehr bilden aus seiner Sicht gewerbliche Zwecke den alleinigen oder auch nur überwiegenden Zweck des Abstellens. Dies spricht dann für die Annahme einer Sondernutzung.

Hervorgehoben sei, dass einer Einstufung stationsunabhängiger Mietfahrzeugangebote auch nicht eine gesetzgeberische Wertung im Bundes-Carsharing-Gesetz entgegensteht. Nicht nur geht das Gesetz auf ganz ähnliche Erwägungen zur Unterscheidung zwischen Verkehrsteilnehmer und Anbieter zurück, wenn es für stationsgebundene Angebote von Miet-Pkw von einer Sondernutzung ausgeht. So sei für die Annahme einer Sondernutzung:

> *„[n]icht das Parken der Kunden […] ausschlaggebend, sondern die Verlagerung der Gewerbefläche in den öffentlichen Verkehrsraum“*.[28]

Es wäre darüber hinaus auch unzutreffend, aus dem Gesetz abzuleiten, dass der Bundesgesetzgeber damit eine Wertentscheidung getroffen habe, dass nur stationsgebundene Systeme von Mietfahrzeugangeboten eine Sondernutzung darstellen.[29] In dem Gesetz geht es vor allem um die exklusive Reservierung öffentlicher Stellplätze für einen oder einzelne Anbieter (vgl. § 5 CsgG).[30] Eine solche Reservierung ist für Anbieter von stationsunabhängigen Modellen von Mietfahrzeugangeboten nicht notwendig, da diese nicht auf fest zugewiesene Stellplätze angewiesen sind. Mangels eines entsprechenden Regelungsbedarfs kann dem CsgG daher auch keine Wertung zu stationsunabhängigen Mietfahrzeugangeboten entnommen werden.

d) Maßgebliche Erheblichkeitsschwelle

In Anknüpfung an diese Praxis ist es auch denkbar, eine Erheblichkeitsschwelle zu definieren, ab der stationsunabhängige Mietfahrzeugangebote eine Sondernutzung darstellen. Bei der Festlegung der Erheblichkeitsschwelle ist nämlich maßgeblich zu berücksichtigen, dass die Festlegung, ob es sich um eine Sondernutzung handelt, entscheidend davon abhängt, dass der Anbieter von Mietfahrzeugangeboten die Straße zu gewerblichen Zwecken nutzt. Es spricht vieles dafür, dass die Erheblichkeitsschwelle dann überschritten ist, wenn sich die Tätigkeit des Anbieters darauf be-

---

28 BT-Drs. 18/11285, S. 35.

29 A.A. *Hermann/Klinski/u.a.*, Rechtliche Hemmnisse und Innovationen für eine nachhaltige Mobilität – untersucht an Beispielen des Straßenverkehrs und des öffentlichen Personennahverkehrs in Räumen; Nachfrage, 2019, S. 145.

30 BT-Drs. 18/11285, S. 35.

zieht, Mietfahrzeuge zur Verfügung zu stellen, um damit nachhaltig und wirtschaftlich am Markt tätig zu werden.

Daher muss sich die Festlegung der Erheblichkeitsschwelle daran orientieren, wann ein Aufstellen von Fahrzeugen zu gewerblichen Zwecken erfolgt. Beispielsweise könnte das Aufstellen von Fahrzeugen durch eine Wohnungsbaugenossenschaft für die Bewohner dann nicht zu gewerblichen Zwecken veranlasst sein, sofern es der Wohnungsbaugenossenschaft nicht um den wirtschaftlichen Erfolg geht, sondern mit dem Angebot der Verzicht der Bewohner auf einen eigenen Pkw ausgeglichen werden soll.

III. Differenzierung nach Angeboten von Mietfahrzeugen?

Es ist zudem nicht angemessen, die Einstufung stationsunabhängiger Mietfahrzeugangebote auf einzelne Varianten (wie z.B. E-Scooter oder Fahrräder) zu begrenzen. Die gerade angeführte straßenrechtliche Begründung trifft nämlich alle Mietfahrzeugangebote in vergleichbarer Weise. In jeder dieser Varianten verfolgen die Anbieter nicht in erster Linie einen verkehrlichen Zweck, sondern das gewerbliche Angebot von Leistungen im öffentlichen Raum. Diese grundlegende Einordnung wird auch nicht durch abweichende Abstellorte (etwa im Vergleich von Kfz oder Fahrrädern) oder andere technische Unterschiede (etwa im Vergleich von Elektro-Fahrzeugen mit einem Ladebedarf oder Fahrzeugen ohne Batterie) in Frage gestellt.

Deswegen würde eine auf bestimmte Mietfahrzeugangebote begrenzte Annahme einer Sondernutzung eher dazu führen, dass der landesstraßenrechtlich zuständigen Behörde im Falle einer gerichtlichen Überprüfung vorgehalten werden könnte, die Begründung einer Sondernutzung bestimmter Mietfahrzeugangebote nicht in konsequenter Weise auf alle Mietfahrzeugangebote bezogen zu haben. Eine solche Form der Ungleichbehandlung ohne sachliche Rechtfertigung würde die Rechtssicherheit des weiteren Vorgehens deutlich einschränken.

IV. Zulässige Nebenbestimmungen

Die Einordnung von Mietfahrzeugangeboten als Sondernutzung eröffnet einen weiten straßenrechtlichen Handlungsspielraum. Im Rahmen von Nebenbestimmungen nutzen die landesstraßenrechtlich zuständigen Behörden regelmäßig einen großen Gestaltungsspielraum, solange noch ein Bezug zur Funktion der Straße besteht.[31]

Die Gestaltung von Nebenbestimmungen sollte dazu dienen, Mietfahrzeugangebote im öffentlichen Raum so zu etablieren, dass diese einen sinnvollen Beitrag zu einem stadtverträglichen und umweltfreundlichen Verkehr leisten. Insbesondere muss es darum gehen, dass mehr Mietfahrzeuge nicht zu einer weiteren Zunahme am Verkehr führen. Dies wäre etwa dann der Fall, wenn Nutzer des ÖPNV auf Mietfahrzeugangebote umsteigen, nicht jedoch die Nutzer von privaten PKW und es somit zu keiner Verringerung des motorisierten Individualverkehrs käme.

Vorgaben aus den Nebenbestimmungen sollten sich daher insbesondere auf die zulässige Gesamtzahl an Fahrzeugen (ggf. pro Bezirk oder Quartier), die Umsetzung flächendeckenderer Angebote und eine sinnvolle Ergänzung zum ÖPNV-Angebot richten. Auch ein ausdrücklicher Widerrufsvorbehalt oder eine Befristung erscheinen sinnvoll.

Die konkrete Ausgestaltung der Nebenbestimmungen hängt dabei dann von den landesstraßengesetzlichen Vorgaben in dem jeweiligen Bundesland und einer belastbaren verkehrsplanerischen Bewertung sinnvoller Regelungsgegenstände ab.

C. Ergebnis

Das Angebot stationsunabhängiger Mietfahrzeugangebote im öffentlichen Raum sollte von der Erteilung einer Sondernutzungserlaubnis abhängig gemacht werden.

Die landestraßengesetzlich zuständigen Behörden können die Erteilung dieser Sondernutzungserlaubnis mit Nebenbestimmungen verbinden, die einen wesentlichen Beitrag dazu leisten, dass Mietfahrzeugangebote einen nachhaltigen Beitrag zu einer effizienteren Nutzung des begrenzten öffentlichen Raums leisten.

Davon unabhängig spricht viel dafür, sinnvolle Vorgaben für stationsunabhängige Mietfahrzeugangebote auch landesstraßengesetzlich zu verankern. Dies würde die Rechtssicherheit auf kommunaler Ebene weiter erhöhen und damit wertvolle Zeit für eine neue Verkehrspolitik absichern.

---

31 Vgl. etwa OVG Berlin-Brandenburg, Urt. v. 3.11.2011 – OVG 1 B 65/11.

Ökonomische und regulatorische Zukünfte des ÖPNV in Deutschland

*Dr. Wolfgang Schade und Dr. Christian Scherf**

Die Verkehrswende ist ein politisches Ziel, das von den meisten gesellschaftlichen Gruppen in Deutschland grundsätzlich geteilt wird. Besonders groß sind die Erwartungen an den öffentlichen Personennahverkehr (ÖPNV). Doch der ÖPNV ist kein Wirtschaftssektor wie jeder andere: mit ihm sind besondere Aufgaben der Daseinsvorsorge verbunden. Zudem hat der Sektor Bedeutung für die regionale Beschäftigung wie auch für die Gesamtwirtschaft. Durch die Corona-Krise steht der ÖPNV zusätzlich unter massivem Druck, da die Fahrgastzahlen zurückgingen und die Abhängigkeit von öffentlichen Mitteln zunahm. Für das Projekt „Beschäftigungseffekte nachhaltiger Mobilität in Deutschland bis 2035" analysierte die Karlsruher Denkfabrik M-Five, wie sich die ökonomische Lage des ÖPNV vor der Pandemie darstellte. In zwei Szenarien zur Nachhaltigkeit wurden mögliche Zukünfte des ÖPNV beschrieben: in einem Fall der Aufschwung der Elektromobilität auf der Straße und im Umweltverbund, im anderen Fall der Ausbau der Schiene zu einer Flächenbahn mit Anschlussmobilität im ÖPNV und durch neue Mobilitätsdienstleistungen. Auf dieser Basis – und angesichts der herrschenden Krise – werden regulatorische Gestaltungsoptionen vorgeschlagen.

A. *Ausgangslage des Projektes*

Ziel des Projektes „Beschäftigungseffekte nachhaltiger Mobilität" war die systemische Analyse der Perspektiven auf den Mobilitätssektor in Deutschland bis 2035.[1] Nachhaltige Mobilität ist dabei ein politisches Ziel, wel-

* Der Erstautor ist wissenschaftlicher Leiter, der Zweitautor wissenschaftlicher Berater der M-Five GmbH, Karlsruhe.

1 Das Projekt wurde von den Partnern Fraunhofer ISI und M-Five (Projektleitung) im Auftrag der Hans-Böckler-Stiftung durchgeführt (Projekt-Nr. 2016-974-1). Die hier dargestellten Analysen erfolgten in den Jahren 2017 bis 2019 durch M-Five. Ausführliche Ergebnisse sind in den Arbeitspapieren unter „Literatur" bzw. in der

ches von den meisten gesellschaftlichen Gruppen unterstützt wird. Da der Mobilitätssektor, bestehend aus Produktion und Verkehrsdienstleistungen, in Deutschland zu den Sektoren mit der größten Beschäftigungswirkung gehört und in der Pandemie eine Krisenanfälligkeit zeigt, sollte er wie jeder strukturelle Wandel, auch auf seine Beschäftigungswirkung untersucht werden.

In den nächsten beiden Dekaden wird sich die Mobilität deutlich wandeln. Zentrale Treiber liegen in der Politik, der Technologie und dem Wandel des Verhaltens begründet. Zudem wirken externe Schocks wie die Corona-Krise auf die Entwicklung ein. Die Politik hat ambitionierte Ziele für den Klimaschutz in Deutschland und Europa gesetzt. Diese können nur erreicht werden, wenn der Verkehrssektor sich verändert, weniger Energie braucht und sich von der Nutzung fossiler Energieträger verabschiedet. Deshalb findet das Ziel einer geänderten Modalwahl hin zu umweltfreundlichen Verkehrsträgern, wie der Fernbahn und dem ÖPNV, politische Unterstützung. Substanzielle Verhaltensänderungen betreffen die gesteigerte Attraktivität und Nutzung von Sharing-Angeboten in der Mobilität, aber auch die Akzeptanz neuer Technologien. Die Corona-Krise zeigt allerdings, wie sensibel sowohl ÖV-Fahrgäste als auch Nutzer*innen neuer Verkehrsdienstleistungen auf kurzfristig erzwungene Verhaltensänderungen reagieren. Trendentwicklungen und Zielmarken könnten durch die Corona-Krise um Jahre zurückgeworfen werden.[2]

I. Szenarien nachhaltiger Mobilität bis zum Jahr 2035

Zentrale Elemente des Projektes waren ein im Dialog mit dem Projektbeirat definiertes Leitbild nachhaltiger Mobilität sowie darauf aufbauend ein Referenzszenario und zwei mögliche Szenarien nachhaltiger Mobilität,

---

Projekt-Dokumentation online zu finden: www.m-five.de/nationales_projekt05.html.

2 Die Corona-Auswirkungen konnte in den ökonomischen Analysen des hier zugrundeliegenden Projektes „Beschäftigungseffekte nachhaltiger Mobilität" noch nicht berücksichtigt werden, da es vor Ausbruch der Pandemie in Deutschland im März 2020 abgeschlossen wurde. Da der Zeithorizont im Jahr 2035 liegt, ist davon auszugehen, dass zumindest die kurz- und mittelfristigen Folgen auf die Ergebnisse eher geringe Auswirkungen haben. Allerdings hat die Pandemie Einfluss auf die Eintrittswahrscheinlichkeit der Szenarien. Derzeit ist anzunehmen, dass der herkömmliche ÖV voraussichtlich nur unter Einbezug neuer Dienstleistungen in der Lage sein wird, die verlorenen Fahrgäste zurückzugewinnen.

mit dem Zeithorizont 2035.[3] Das Referenzszenario bildet den Ausgangspunkt der Bewertung und basiert auf dem Zustand von Mobilität und Beschäftigung in Deutschland um das Jahr 2015, also deutlich vor Ausbruch der Pandemie. Die beiden Szenarien für das Jahr 2035 sind normativ und damit nicht durch Maßnahmen getrieben. Der Fokus der Analysen lag auf dem Wandel des Personenverkehrs.[4] Die Szenarien lassen sich folgendermaßen charakterisieren:

Referenz (REF-2015): Die Referenz umfasst das verkehrliche und ökonomische Mengengerüst für Deutschland um das Jahr 2015 (Beschreibung des damaligen Status quo).

Szenario „Multi-Modalität-2035“ (MM-35): Das Szenario ist auf die Multi-Modalität mit der Bahn als Rückgrat im Fern- und Regionalverkehr abgestellt. Multioptionale Mobilitätsangebote – flexibel kombiniert mit dem Fahrrad und integriert in den bestehenden ÖPNV – entwickeln sich zum dominierenden Verkehrsmix im Jahr 2035.

Szenario „E-Straße-2035“ (ES-35): In diesem Szenario liegt der Schwerpunkt der Entwicklung auf einer deutlichen Stärkung des Umweltverbundes im Rahmen einer Elektrifizierung des Straßenverkehrs einschließlich der Busse und autonomer Shuttles. Dadurch wird der Straßenverkehr bei zentralen Handlungsfeldern (Klima, Luftbelastung, Lärm) ebenfalls nachhaltig. Mindestens bis zum Jahr 2035 kann die Straße ihre dominante Rolle als Verkehrsträger behalten.

Zentrale Treiber beeinflussen beide Nachhaltigkeitsszenarien gleichermaßen. So unterscheitet sich die demographische Entwicklung hinsichtlich der Zahl der Menschen nicht zwischen dem Szenario MM-35 und ES-35. Andere, mit der Mobilität in Wechselwirkung stehende Trends, wie städtebauliche Entwicklung und räumliche Verteilung der Bevölkerung oder die Marktdiffusion neuer Mobilitätskonzepte (z. B. Car-, Bike- oder Ride-Sharing), sind hingegen unterschiedlich ausgeprägt.[5] Rückblickend sind auch die Reaktionsmöglichkeiten auf die Herausforderungen der

---

3 Neben dem Zeithorizont der Szenarien, dem Jahr 2035, wurde außerdem das Jahr 2025 als Stützjahr betrachtet, wobei die Beeinflussung durch die Pandemie zum damaligen Zeitpunkt noch nicht berücksichtigt werden konnte.

4 Der Güterverkehr wurde kursorisch mitbetrachtet, teils auch spezifisch in den Arbeitspaketen variiert, da er sowohl Kapazitäten des Verkehrssystems beansprucht, die dann nicht für den Personenverkehr zur Verfügung stehen, als auch für Beschäftigung in den Bereichen Produktion und Logistik sorgt.

5 Beispielsweise unterstützt eine stärkere Konzentration der Bevölkerung in größeren Städten und dichtere Besiedelung das Szenario MM-35 genauso wie eine schnellere und stärker ausgeprägte Entwicklung neuer Mobilitätskonzepte. Auf der anderen Seite verbessert eine forcierte Digitalisierung und Elektrifizierung der

Coronakrise unterschiedlich ausgeprägt. Die Aufwertung des ÖV durch multimodale Angebote zur Schließung der „letzten Meile“ zwischen Haustür und Haltestelle oder durch bedarfsgerechte, dynamische Routenführung, gewinnen noch mehr an Bedeutung. Diese Chancen lassen sich besonders gut im Szenario MM-35 verwirklichen. Tabelle 1 zeigt die zentralen Eckwerte, durch die sich die beiden Szenarien von der Referenz unterscheiden.

Tabelle 1: Eckwerte der Referenz und der beiden Szenarien nachhaltiger Mobilität

	Referenz REF-15	**Szenario ES-35**	**Szenario MM-35**
Verkehrsleistung gesamt	ca. 1.250 Mrd. Pkm im Jahr	+ 5 %	- 15 %
Verkehrsleistung MIV	ca. 949 Mrd. Pkm im Jahr	ca. 804 Mrd. Pkm	ca. 529 Mrd. Pkm
Motorisierung	ca. 560 Pkw pro 1.000 EW	ca. 430 Pkw pro 1.000 EW	ca. 300 Pkw pro 1.000 EW
Verkehrsleistung ÖV	ca. 173 Mrd. Pkm im Jahr	ca. 434 Mrd. Pkm (Fokus Bus & Shuttle)	ca. 440 Mrd. Pkm (Fokus Bahn)
Urbanisierung	0 (Ausgangsniveau)	+	+++
Verkehrspolitische Strategie	„Weiter so!“[6]	Effizienzsteigerung aller Verkehrsmittel	Modal-shift zum Umweltverbund
Multimodalität	0 (Ausgangsniveau)	+	+++
Bereitstellung Mobilitätsdienste – IT-Tool	Anbieterspezifisch	Fahrzeugbasiert	Smartphone-basiert / fahrzeugunabhängig
Politische Strategie Schienenverkehr	Schienenpakt & Deutschlandtakt[7]	+ Maximierung Rentabilität der Bahn	+++ Maximierung modaler Anteil

Quelle: M-Five, ISI, Projektbeirat, eigene Darstellung

Straßenfahrzeuge die Entwicklung zu nachhaltiger Mobilität im Szenario E-Straße-2035.

6 Aus der Rede von Bundesminister Andreas Scheuer vom 22. März 2018, bezogen auf die bisherige Finanzausstattung für das Bundesministerium für Verkehr und digitale Infrastruktur.

7 „Masterplan Schienenverkehr“ vom Juni 2020

II. Fragestellungen und Methoden

Mit der Analyse der beiden Szenarien sollten fünf forschungsleitende Fragen beantwortet werden:

- Sind verschiedene Szenarien nachhaltiger Mobilität überhaupt denkbar?
- Wie verschiebt sich die Beschäftigung in einem eisenbahn-dominierten Szenario (MM-35)?
- Wie sieht die zukünftige Beschäftigung in einem E-Mobilitätsszenario aus (ES-35)?
- Entsteht durch nachhaltige Mobilität eine andere regionale oder sektorale Verteilung der Beschäftigung als heute?
- Welchen Einfluss hat nachhaltige Mobilität auf die Gesamtbeschäftigung?

Diese Fragen sollten durch die Anwendung einer Multi-Methoden-Mischung (Triangulation) quantitativ beantwortet werden. Ausgangspunkt war die Beschäftigungssituation um das Jahr 2015 (REF-15). Beide Szenarien wurden bis zum Jahr 2035 fortgeschrieben und die Beschäftigungswirkung mit einem regionalen Kreismodell, einem sektoralen Input-Output-Ansatz, und dem makroökonomischen Modell ASTRA analysiert. Die erste Methode deckt die regionale Differenzierung ab, während die zweite Methode eine tiefe sektorale Gliederung bietet und die dritte Methode die Dynamik volkswirtschaftlicher Wechselwirkungen sowie die Politik-Sensitivität leistet. Im Folgenden liegt der Fokus auf den Ergebnissen für den ÖPNV in der regionalen (Kapitel B) und makroökonomischen Analyse (Kapitel C). Da die Analysen vor Beginn der Pandemie abgeschlossen wurden, sind in diesen Ergebnissen keine Corona-Effekte enthalten. Darauf aufbauend werden sozioökonomische Folgen vorgestellt und regulatorische Gestaltungsempfehlungen für die Wirtschaft und Politik – auch unter Corona-Gesichtspunkten – ausgesprochen (Kapitel D). Zunächst geben wir einen kurzen Überblick zu den Rahmenbedingungen und Finanzmitteln, welche für die Betriebs- und Beschäftigungsentwicklung im ÖPNV relevant sind.

III. Rahmenbedingungen und Finanzmittel des ÖPNV

Die Bevölkerungsdynamik entscheidet darüber, in welchem Maß die Nachfrage an Mobilitätsdienstleistungen ansteigt oder zurückgeht. Durch einen deutlich gesteigerten Anteil des öffentlichen Verkehrs am gesamten

Verkehrsaufkommen steigt der Personalbedarf in diesem Bereich selbst in Regionen mit einer abnehmenden Bevölkerung. Auch neue Mobilitätsdienstleistungen[8] generieren neue Arbeitsplätze – vorwiegend in städtischen Regionen mit einer positiven Bevölkerungsprognose.

Dem inländischen Nachfragerückgang nach Kraftfahrzeugen und damit verbundenen Dienstleistungen steht insbesondere im Szenario MM-35 eine erhöhte Nachfrage nach öffentlichem Verkehr mit entsprechendem Anstieg in den betroffenen Dienstleistungsbereichen sowie bei der Bereitstellung der nötigen Infrastruktur gegenüber. Vor allem der Bau der Schieneninfrastruktur bedarf vieler Arbeitskräfte und einer zeitnahen Umsetzung um das Funktionieren der zukünftigen Multimodalität zu gewährleisten. Auch die Nachfrage nach Dienstleistungen für individuelle Mobilität wie Carsharing und Taxis steigt in einer Welt mit weniger Privat-Pkw an, und zieht entsprechend einen Arbeitskräftebedarf in diesen Bereichen nach sich. Insbesondere beim Anstieg im Taxibereich ist allerdings die Nachhaltigkeit sowohl unter ökologischen Aspekten als auch unter sozialen Aspekten diskutabel. So ist beispielweise die Langfristigkeit der Arbeitsplätze im Hinblick auf die zunehmende Automatisierung fraglich. Bei Dienstleistungen wie Carsharing oder dem Betrieb von autonomen Shuttles und Robo-Taxen[9] ist aus Sicht der Beschäftigung entscheidend, ob bzw. zu welchem Anteil die benötigten Tätigkeiten im Inland ausgeübt werden.

Im Szenario MM-35 spielt die Organisation von Anbietern, Verkehrsteilnehmenden, Unternehmen und Gütern über digitale Plattformen eine wesentliche Rolle. Je nach Ausgestaltung dieser Plattformen und der Regeln für deren Einsatz ergeben sich große Auswirkungen auf den dahinterliegenden Arbeitsmarkt. Prominentes Beispiel ist die Rolle des Personenbeförderungsgesetzes (PBefG) und der Arbeitsmarktregeln für die Darstellung von Mitnahmediensten als Ridesharing bzw. -pooling im Personennahverkehr (für entsprechende Empfehlungen siehe Kapitel D). Ebenso relevant ist die Frage der Automatisierung im ÖPNV mit Bussen, Tram,

---

8 Auf Kreisebene verortet wurde im Modell lediglich die Beschäftigung im Bereich Car-Sharing. Zusätzliche Beschäftigung wird durch Bike-Sharing und E-Scooter-Sharing generiert, was aber aufgrund der unzureichenden Daten für den Status quo in der Berechnung vernachlässigt wurde.

9 Unter *autonomen Shuttles* werden im Folgenden hochautomatisierte Kleinbusse im ÖPNV verstanden, die keine reguläre Fahrer*in mehr benötigen. Unter *Robo-Taxi* werden im Folgenden Taxiverkehre mit hochautomatisierten Fahrzeugen (Pkw) verstanden, die keine reguläre Fahrer*in mehr benötigen. In beiden Fällen kann bei Bedarf bzw. in der Einführungsphase Begleitpersonal im Fahrzeug mitfahren.

U-Bahnen und Nahverkehrszügen. Die technologischen Entwicklungen und rechtlichen Freiräume bzw. Leitplanken in diesen Bereichen entscheiden über die Wirtschaftlichkeit wie auch über die Beschäftigungswirkung dieser neuen Ausprägungsformen im Personenverkehr.

Zum Grundverständnis des öffentlichen Nahverkehrs in Deutschland gehört es, diesen zur staatlichen Daseinsvorsorge zu zählen. Dieser Anspruch wird in finanzieller Hinsicht über umfangreiche Transferleistungen zur Kompensation von Deckungslücken eingelöst. Dies bedeutete für die Anbieter im ÖPNV eine latente Verlagerung des Hauptgeldgebers: Waren noch bis in die 1960er Jahre hinein die Fahrgeldeinnahmen die dominierende Einnahmequelle wurden in den Jahrzenten danach die Mittel der öffentlichen Hand zu einer weiteren wichtigen Finanzierungsquelle. Dies hat sich auch unter dem Eindruck der vergleichsweise jungen Steigerung der Fahrgastzahlen in zahlreichen deutschen Städten bisher nicht substanziell geändert.

Aus dieser Ressourcenlage resultieren ausgesprochen komplexe Finanzierungs- und Verantwortungsverflechtungen. ÖPNV-Anbieter sind im Rahmen von Ausschreibungen und Vergaben dazu verpflichtet, ihr Angebot im Rahmen der Vertragslaufzeiten sowie der bedienten Linien und genehmigten Tarife aufrechtzuerhalten. Mit diesen Auflagen bzw. Pflichten möchte der Gesetzgeber im Sinne der Daseinsvorsoge eine gleichbleibende und möglichst flächendeckende Grundqualität sicherstellen. Diese betrifft auch Bediengebiete und Angebotszeiten, die mangels Auslastung betriebswirtschaftlich keinen kostendeckenden Betrieb zulassen. Einige der zur ÖPNV-Finanzierung genutzten Mittel sind nachfolgend knapp beschriebenen.

1. Mittel aus Fahrgeldeinnahmen

Eine naheliegende Finanzquelle des ÖPNV sind die Mittel aus den Fahrgeldeinnahmen, d. h. die Erträge aus Ticketverkäufen bzw. die Netto-Fahrgeldeinnahmen auf Seiten der Verkehrsunternehmen (VDV 2020a). Für das Verständnis seiner finanziellen Verfasstheit ist die Kenntnis des Umstands elementar, dass das durchschnittliche ÖPNV-Unternehmen in Deutschland mit selbst erwirtschafteten finanziellen Mittel nicht tragfähig ist (Waluga 2017, S. 25). Im Durchschnitt liegt der Kostendeckungsgrad der im Verband der Deutschen Verkehrsunternehmen (VDV) organisierten Unternehmen Kostendeckungsgrad – als Verhältnis zwischen Kostendeckung durch Nettoertrag und der Kostendeckung durch öffentliche Finanzierung –in den letzten Jahren bei rund 75 % (Dorsch 2019, S. 76; VDV

2019, S. 35). Über ein Viertel seiner Kosten deckt der ÖPNV somit aus öffentlichen Quellen. Im Unterschied zu anderen Wirtschaftszweigen hat der ÖPNV in Deutschland die Besonderheit, existenziell und langfristig auf finanzielle Unterstützung durch den Staat angewiesen zu sein.[10] Nachfolgend fassen wir die wichtigsten dieser öffentlichen Finanzmittel und ihren jeweiligen Rechtsrahmen kurz zusammen. Im allgemeinen Verständnis können sie als Ausgleich für die Übernahme von gemeinwirtschaftlichen Aufgaben der Daseinsvorsorge verstanden werden.

2. *Mittel nach dem Regionalisierungsgesetz (RegG) bzw. „ÖPNV-Landesmittel“*

Im Zuge der Bahnstrukturreform in den 1990er Jahre wurde die Verantwortung für den ÖPNV von der Bundesebene stärker auf die Länderebene verlagert, was seither als Regionalisierung des ÖPNV bezeichnet wird. Die Regionalisierung wurde damit begründet, dass nur so eine an den Bedürfnissen der aktuellen und potenziellen Nachfrager*innen ausgerichtete und vor Ort definierte Quantität und Qualität des ÖPNV zu sichern sei. Gleichzeitig sollte die Kostenverantwortlichkeit eindeutiger als bisher definiert werden und insbesondere die Effizienz der Versorgung der Bevölkerung mit ÖPNV-Leistungen erhöht werden. Das als Kompromiss zwischen Bund und Ländern schließlich entstandene Regionalisierungsgesetz (RegG) definiert Nahverkehrsleistungen seit dem Jahr 1993 explizit als Teil der Daseinsvorsorge. In Form eines „Ausgleichs“ für die übernommene Finanzverantwortung über den defizitären Nahverkehr stehen den Ländern seither alljährlich Milliardenbeträge des Bundes zu, die sogenannten Regionalisierungsmittel. Der Bund nimmt diese Mittel aus dem Steueraufkommen und weist sie den Bundesländern zu (Ilgmann/Polatschek 2013, S. 132). Mit diesen Mittel sind nach dem RegG „insbesondere“ der Schienenpersonennahverkehr (SPNV) zu finanzieren. In geringerem Umfang können aber auch andere ÖPNV-Leistungen mit ihnen finanziert werden (VDV 2020b). Die Aufteilung der Finanzmittel auf den SPNV und sonstigen ÖPNV ist von Bundesland zu Bundesland verschieden (Dorsch 2019, S. 78).

---

10 Der Erhöhung der Nutzungsfinanzierung durch Preisanhebung sind Grenzen gesetzt: Zum einen durch die im ÖPNV allgemein hohe Preiselastizität, zum anderen aber auch durch politische Aspekte der Preisbildung (Dorsch 2019, S. 76).

3. Mittel nach dem Gemeindesverkehrsfinanzierungsgesetz (GVFG) bzw. GVFG-Bundesprogramm

Diese Finanzmittel gehen aus dem Bundeshaushalt an die Bundesländer als allgemeine Investitionshilfe zur Verbesserung der Verkehrsverhältnisse in den Gemeinden (sowohl allgemein für Straßen als auch für den ÖPNV im Besonderen). Zu den förderwürdigen Maßnahmen zählen beispielsweise die Einrichtung von Busspuren und Busbahnhöfen, die Errichtung von Verkehrsleitsystemen, der Bau von Park- & Ride-Parkplätzen sowie von Verkehrswegen für Nahverkehrsbahnen (Dorsch 2019, S. 78). Mit der Einführung der Regionalisierungsmittel (siehe Kapitel A.III.2.) wurden die Mittel nach dem GVFG deutlich gekürzt. Im Jahr 2015 vereinbarten Bund und Länder, die damaligen Bundesprogramm-GVFG-Mittel ungekürzt über das bisherige Enddatum 2019 hinaus bereitzustellen. Mittlerweile wurden diese wieder deutlich erhöht und mit konkreten Beträgen bis zum Jahr 2035 hinterlegt.

4. Mittel nach dem Bundesschienenwegeausbaugesetz (BSchwAG)

Der Bund beteiligt sich gemäß dem Grundgesetz an dem Ausbau und Erhalt der Schienenwege. Hiervon profitiert auch der Schienennahverkehr, dessen Infrastruktur – ebenso wie der Schienenfernverkehr – im entsprechenden Bedarfsplan berücksichtigt ist. Konkret sollen 20 % der bereitgestellten Mittel in den SPNV investiert werden. Teilweise geschieht dies unter Beteiligung von Kommunen und Ländern (Dorsch 2019, S. 79).

5. Tarifersatzleistungen: Zuschüsse für die Beförderung von Schülerinnen und Schülern, Auszubildenden, Schwerbehinderten sowie Unterstützung von Verbundtarifen

Bei diesen Mitteln handelt es sich um Zuschüsse für die Beförderung bestimmter Fahrgastgruppen, die mit sozialpolitischen Begründungen Entgeltvergünstigungen erhalten. Diese Mittel umfassen gesetzliche Leistungen von Bund und Ländern gemäß Allgemeinem Eisenbahngesetz (AEG), PBefG bzw. den Länder-ÖPNV-Gesetzen oder speziellen Landesgesetzen sowie dem Sozialgesetzbuch. Die Gelder beinhalten auch freiwillige Leistungen von Ländern und Kommunen. Hinsichtlich der Schülerfahrten bestehen zum einen Ausgleichszahlungen der öffentlichen Hand für die Differenz zwischen Schüler- und Normaltarif. Zum anderen besteht die Förderung aus kostenlos zur Verfügung gestellten Schülerfreifahrkarten durch den Schulträger. Für die Unterstützung des Ausbildungsverkehrs gilt Ähnliches. Zu den Tarifersatzleistungen zählt ferner der Ausgleich für sogenannte Harmonierungs- und Durchtarifierungsverluste, die durch Anwendung von Verbundtarifen entstehen. Die Kosten für diese Ausgleichsleistungen tragen Kommunen, Regional- und Zweckverbände sowie teilweise die Bundesländer (Dorsch 2019, S. 76 f.).

6. Fördermittel des Bundes und der EU sowie sonstige Mittel

Zusätzlich zu den oben genannten Mitteln stehen besondere Fördermittel zur Verfügung, die von einzelnen ÖPNV-Unternehmen je nach Erfüllung von Voraussetzung und Antragsstellung abgerufen werden können. Hierzu zählen z. B. Mittel zur Förderung der Elektromobilität. Auf der EU-Ebene kommen im Europäischen Fond für regionale Entwicklung (EFRE) ebenfalls Mittel für den ÖPNV in Betracht. Was im Einzelnen gefördert wird, hängt in der Regel von der jeweiligen Gebietskörperschaft ab (Dorsch 2019, S. 80).

Darüber hinaus stehen je nach ÖPNV-Unternehmen ggf. weitere Mittel zur Verfügung, z. B. aus dem sogenannten „kommunalen Querverbund“. Damit ist sind Praktiken der steuerlichen Gewinn- und Verlustrechnung im Rahmen von Stadtwerken gemeint, wodurch Steuervorteile zum Tragen kommen (Dorsch 2019, S. 77).

Die oben genannten Finanzmittel wurden den Szenarien in den folgenden beiden Untersuchungen – regionale und gesamtwirtschaftliche Analyse – weitgehend zugrunde gelegt.[11] Je nach Szenario wurden diese Mittel für die Zukunft ergänzt bzw. variiert.

B. Regionale Analyse des ÖV

Die der regionalen Modellierung zugrundeliegenden Daten gehen auf die Analyse des Status quo unter Verwendung der von M-Five aufgebauten

11 Die Mittel aus der kommunalen Querfinanzierung und der Tarifersatzleistungen wurden in den Szenarien nicht einbezogen.

Regionaldatenbank Mobilität (RE-MOB) zurück.[12] Die Fortschreibung der regionalen Beschäftigung in der Mobilität bis zum Jahr 2035 erfolgte anhand einer Kombination aus einem analytischen, datenbasierten Berechnungsansatz ausgehend von der regionalen Verteilung der Beschäftigung im Status quo und einer Heuristik der erwarteten Schwerpunkte der Beschäftigung in puncto Fahrzeugproduktion und Mobilitätsdienstleistungen.[13]

In einem ersten Schritt wurde eine Abgrenzung der Raumeinheiten nach den siedlungsstrukturellen Kreistypen des Bundesinstituts für Bau-, Stadt- und Raumforschung (BBSR) vorgenommen. Dieses unterscheidet vier Typen von Kreisen und kreisfreien Städten nach siedlungsstrukturellen Merkmalen. Folgende Siedlungsstrukturmerkmale wurden zur Typisierung der Kreistypen herangezogen:

- Bevölkerungsanteil in Groß- und Mittelstädten
- Einwohnerdichte der Kreisregion
- Einwohnerdichte der Kreisregion ohne Berücksichtigung der Groß- und Mittelstädte

Auf diese Weise werden vier Klassen von Kreistypen unterschieden (BBSR, 2017):

- Kreisfreie Großstädte: Kreisfreie Städte mit mindestens 100.000 EW.
- Städtische Kreise: Kreise mit einem Bevölkerungsanteil in Groß- und Mittelstädten von mindestens 50 % und einer Einwohnerdichte von mindestens 150 EW / km^2 sowie Kreise mit einer Einwohnerdichte ohne Groß- und Mittelstädte von mindestens 150 EW / km^2.

---

12 In der Datenbank wurden auf Kreisebene Daten gesammelt, die einen direkten oder indirekten Mobilitätsbezug haben, beispielsweise Einwohnerzahl, Pkw-Dichte, Verkehrsleistung, Beschäftigte in verkehrsbezogenen Bereichen, Daten zum öffentlichen Verkehr etc. Auch Daten zu den Beschäftigten im Schienenfahrzeugbau und Kraftfahrzeugbau sind darin enthalten, welche – aufgeschlüsselt nach Komponente – aus der M-Five Unternehmensdatenbank auf Kreisebene umgelegt werden. Durch Fortschreibung der Rahmendaten (Einwohnerentwicklung, Verkehrsnachfrage unterschieden nach Verkehrsmittel, Pkw-Dichte) kann der künftige Bedarf an Beschäftigten in den verkehrsbezogenen Wirtschaftszweigen je Szenario bestimmt werden. Die Ergebnisse beruhen auf einer Methodik, die unabhängig von unternehmerischen und (lokal-)politischen Entscheidungen die auf nationaler Ebene ermittelten Beschäftigungswerte auf die Kreise herunterbricht.

13 Es handelt sich damit nicht um eine regionale Prognose, sondern um eine aus heutiger Sicht plausibel ableitbare Verteilung der Beschäftigung ohne Berücksichtigung möglicher unternehmerischer Standortentscheidungen.

- Ländliche Kreise mit Verdichtungsansätzen: Kreise mit einem Bevölkerungsanteil in Groß- und Mittelstädten von mindestens 50 %, aber einer Einwohnerdichte unter 150 EW / km^2, sowie Kreise mit einem Bevölkerungsanteil in Groß- und Mittelstädten unter 50 % mit einer Einwohnerdichte ohne Groß- und Mittelstädte von mindestens 100 EW / km^2.
- Dünn besiedelte ländliche Kreise: Kreise mit einem Bevölkerungsanteil in Groß- und Mittelstädten unter 50 % und Einwohnerdichte ohne Groß- und Mittelstädte unter 100 EW / km^2.

Diese vier Kreistypen wurden zusätzlich dahingehend unterschieden, ob es sich um Schwerpunktregionen der Automobilindustrie handelt oder nicht. Folgende Abkürzungen werden in den anstehenden Kapiteln zur Kennzeichnung der Kreistypen verwendet (zunächst ohne Berücksichtigung der neuen für Komponenten des E-Antriebs relevanten Standorte):

Tabelle 2: Beschreibung der acht Kreistypen

Automobilindustrie	Code	Beschreibung	Anzahl Kreise
Kreise innerhalb von Schwerpunktregionen mit Automobilindustrie	C1	Kreisfreie Großstadt in einer Schwerpunktregion	18
	C2	Städtischer Kreis in einer Schwerpunktregion	42
	C3	Ländlicher Kreis mit Verdichtungsansätzen in einer Schwerpunktregion	20
	C4	Dünn besiedelter ländlicher Kreis in einer Schwerpunktregion	3
Kreise außerhalb von Schwerpunktregionen mit Automobilindustrie	N1	Kreisfreie Großstadt	48
	N2	Städtischer Kreis	95
	N3	Ländlicher Kreis mit Verdichtungsansätzen	83
	N4	Dünn besiedelter ländlicher Kreis	93

Quelle: M-Five, eigene Darstellung

I. Beschäftigung im öffentlichen Verkehr

Im Bereich des öffentlichen Verkehrs werden die Teilbereiche *Personenbeförderung*, *zusätzliches Potenzial durch mehr Service*, *Schienenfahrzeugbau* und *Schienenfahrzeuginstandhaltung* sowie *Herstellung der Schieneninfrastruktur* unterschieden. Die Herstellung autonomer Shuttles (Kleinbusse) sowie die Straßeninfrastruktur werden im Bereich Pkw-Herstellung und -Nutzung mitberücksichtigt. Grundlegend für die Berechnungen ist die vereinfachende Annahme, dass die Beschäftigung überwiegend in Abhängigkeit zur Fahrleistung (kurz Fz-km) und Beförderungsleistung steht. Der genutzte Beschäftigungsquotient beinhaltet Tätigkeiten, die in ihrem Ursprung nicht in direkter Abhängigkeit zur Beförderungsleistung stehen. Das betrifft beispielsweise Tätigkeiten in der Verwaltung. Die Art des öffentlichen Verkehrsmittels wird unterteilt in Eisenbahn-, Straßenbahn-[14] und Busverkehre sowie Taxiverkehre und den Betrieb autonomer Shuttlebusse. Es wird sowohl der Nah- als auch der Fernverkehr betrachtet, wobei der Fokus im Folgenden auf dem Nahverkehr liegt.

Abbildung 1: Berechnungsmodell der Beschäftigung im Bereich des öffentlichen Personenverkehrs[15]

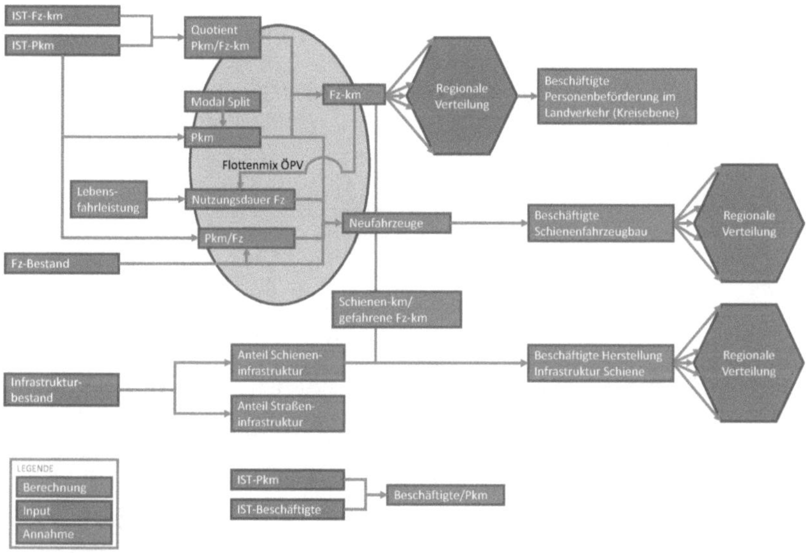

Quelle: M-Five

14 Inklusive Untergrundbahnen.

15 IST-Fz-km auf Kreisebene aus (Statistisches Bundesamt (Destatis) 2017), IST-P km aus (Statistisches Bundesamt (Destatis) 2017), IST-Fz-Bestand aus (Statistisches Bundesamt (Destatis) 2017), Infrastrukturbestand aus (DB Fernverkehr AG, 2016), IST-Beschäftigung aus (Bundesagentur für Arbeit 2016) und (Schade et al. 2017, S. 17).

Abbildung 1 zeigt modellhaft die Berechnung der Kennzahlen und Beschäftigungseffekte übergeordnet für die öffentlichen Verkehrsmittel. Ausgangspunkt für die Berechnung der Indikatoren für das Jahr 2035 ist die Verkehrsleistung je Verkehrsmittel, die anhand von Modal-Split-Zielgrößen errechnet wurde.

II. Eckdaten der Personenbeförderung

Die Personenkilometer, welche vom öffentlichen Verkehr bewältigt werden, steigen mit zunehmendem Anteil des öffentlichen Verkehrs am Modal Split. Die Summe der Personenkilometer in den jeweiligen Szenarien wird mit Hilfe des angenommenen Modal Splits im Jahr 2035 vorausberechnet (siehe Abbildung 2). Die Umrechnung in Fz-km erfolgt anhand des Quotienten aus dem Referenzjahr 2015 mit Anpassungen passend zu Kreistypus und Szenario.

Abbildung 2: Personenkilometer mit öffentlichen Verkehrsmitteln

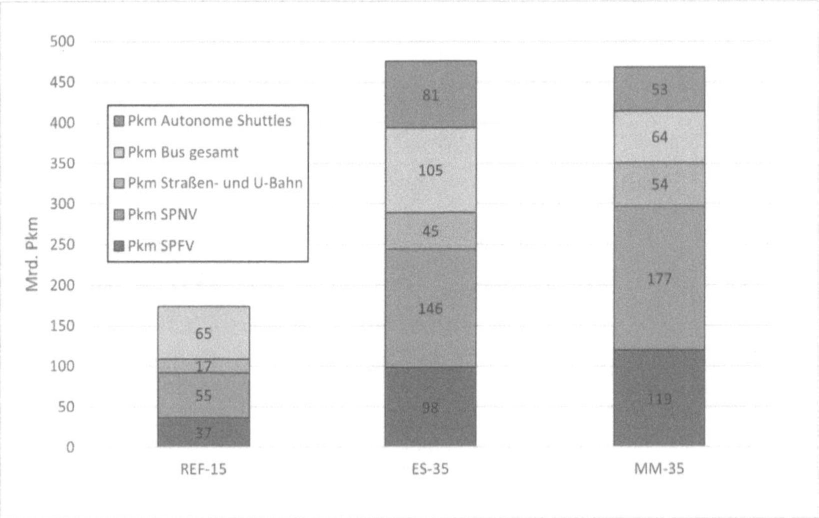

Quelle: M-Five

Die Aufteilung der Personenkilometer, die mit den Verkehrsmitteln im Schienenverkehr zurückgelegt werden, erfolgt analog zur Aufteilung auf die Kreise im Referenzjahr 2015. Die Verkehrsleistung mit Bussen nimmt von 65 Mrd. Pkm auf 105 Mrd. Pkm im Szenario ES-35 zu beziehungsweise 64 Mrd. Pkm im Szenario MM-35 ab. Außerdem wird im Projektionsjahr 2035 ein beachtlicher Teil der Personenkilometer mit autonomen Shuttles zurückgelegt. Autonome Shuttles sind im Vergleich zum klassischen Busverkehr individuell an den Beförderungsbedarf der Kunden angepasst. Dies bedeutet, dass autonome Shuttles an manchen Stellen ein geeigneteres Substitut für den MIV darstellen als beispielsweise klassische Linienbusverkehre. Daraus folgt die Annahme, dass bis zum Projektionsjahr 2035 etwa 10 % der MIV-Verkehrsleistung durch autonome Shuttles substituiert werden können.

Die Veränderung der Fahrzeugkilometer bis zum Projektionsjahr 2035 wird auf Grundlage des Besetzungsgrads der öffentlichen Verkehrsmittel ermittelt. Der durchschnittliche Besetzungsgrad lässt sich für das Referenzjahr 2015 mit Hilfe des Quotienten aus den gesamten Fahrzeugkilometern und Personenkilometern bestimmen. Gegenwärtig wird im Eisenbahnverkehr eine Transportleistung von 115 Pkm je Fahrzeugkilometer (bzw. 115 Personen je Fahrzeug) erbracht, während es bei Straßenbahnen 56 Pkm und im Busverkehr 24 Pkm sind.

Für das Projektionsjahr 2035 unterscheiden sich die Besetzungsgrade je nach Szenario und Kreistypus. Im Szenario ES-35 steigen die Besetzungsgrade, wobei diese in kreisfreien Großstädten deutlich höher und in ländlichen Kreisen deutlich niedriger liegen als der bundesweite Durchschnitt. Im Szenario MM-35 bleiben die Besetzungsgrade weitestgehend auf gleichem Niveau wie im Jahr 2015. Dies ist durch die flächendeckende Angebotsausweitung des Schienenverkehrs in diesem Szenario bedingt. In autonom fahrenden Shuttles werden im Szenario ES-35 vier Pkm je Fz-km und im Szenario MM-35 fünf Pkm je Fz-km zurückgelegt.

Die Verteilung der Fahrleistung der öffentlichen Verkehrsmittel auf die Kreise eines Typs erfolgt analog der Angaben des Statistischen Bundesamts zur Fahrleistung öffentlicher Verkehrsmittel im Referenzjahr 2015 (Statistisches Bundesamt 2017). Die Berechnung der zurückgelegten Personenkilometer in einem Kreis je Verkehrsmittel erfolgt anschließend anhand der fortgeschriebenen Fahrzeugkilometer auf Kreisebene. Die Durchschnittswerte je nach Kreistypus und Verkehrsträger werden auf Grundlage des bundesweiten Durchschnitts festgelegt. Die Unterschiede der Verkehrsleistung pro Einwohner*in (EW) in den unterschiedenen Kreistypen sind in Abbildung 3 für den gesamten Schienenverkehr (Nah- und Fernverkehr) und in Abbildung 4 für den gesamten Busverkehr (Busse und autonome Shuttles) einzusehen.

Abbildung 3: Pkm pro EW und Jahr auf der Schiene in den Kreistypen[16]

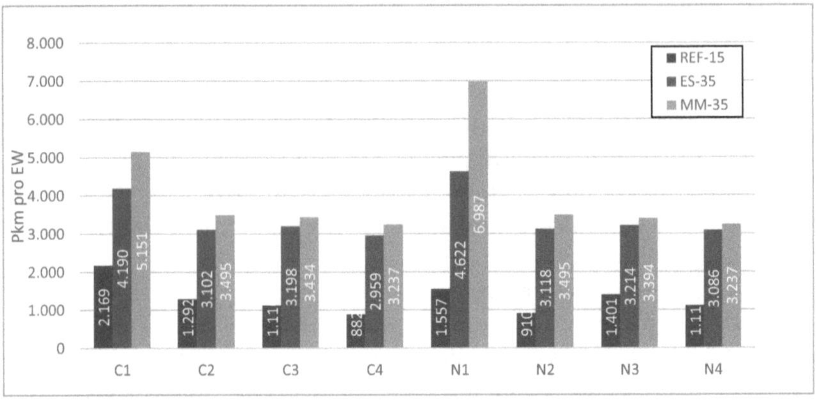

Quelle: M-Five mit Basisdaten aus (Statistisches Bundesamt (Destatis) 2017)

In den kreisfreien Großstädten (Kreistypen C1 und N1, vgl. Definition der Kreistypen in Tabelle 2) werden, auch aufgrund der meist vorhandenen städtischen Schienensysteme, mehr Kilometer je EW auf der Schiene zurückgelegt. In den Szenarien nimmt beispielsweise die Kilometeranzahl pro EW in N1 überproportional zu, da wir der Annahme folgen, dass größere Städte (150.000 – 200.000 EW) ohne bestehendes städtisches Schienensystem ein solches aufbauen.

16 Zur Definition der acht Kreistypen siehe Tabelle 2 auf Seite 84.

Abbildung 4: Pkm pro EW und Jahr mit dem Verkehrsträger Bus in den Kreistypen[17]

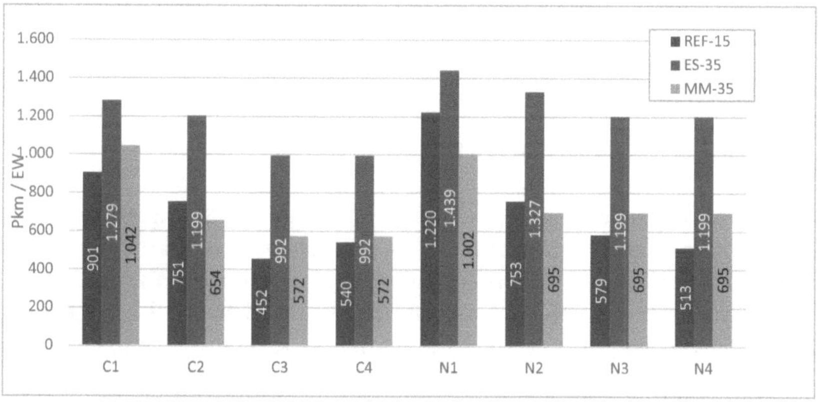

Quelle: M-Five mit Basisdaten aus (Statistisches Bundesamt (Destatis) 2017)

Die Beschäftigung in der Personenbeförderung lässt sich unterteilen in Beschäftigte in der Verwaltung (15 %), im technischen Dienst (22 %) und im Fahrdienst (63 %). Es wird angenommen, dass sich der Verwaltungsaufwand proportional zu den Personenkilometern entwickelt und die Beschäftigung im technischen Dienst sowie dem Fahrdienst proportional zu den Fahrzeugkilometern.

Beschäftigte im Fahrdienst können durch den Einsatz eines autonom fahrenden Fahrzeugs -besonders durch die Automatisierung bestehender Großgefäße wie U-Bahn – obsolet werden. Im Busverkehr wird dies unter der Annahme autonomer Shuttle (Kleinbusse) etwas gemindert, da diese den klassischen ÖV eher ergänzen als ersetzen. Zudem fällt gerade bei autonom fahrenden Fahrzeugen im Busverkehr, ähnlich wie beim Carsharing, Mehraufwand für den Rahmenbetrieb der Fahrzeuge an. Dies betrifft die Distribution der Fahrzeuge bei Wartungsbedarf, Reinigung und Pflege sowie die Betreuung der Buchungskanäle. Ein großer Teil dieser Aufgaben wird aktuell von den Busfahrer*innen selbst übernommen. Außerdem ist die persönliche Kundenbetreuung an größeren Stationen sinnvoll. Gerade dann, wenn ein Großteil der Flotte fahrerlos betrieben wird. Durch diese Veränderung der Tätigkeitsfelder ergibt sich in den Szenarien für den Busverkehr eine Aufteilung gemäß Tabelle 3.

---

17 Zur Definition der acht Kreistypen siehe Tabelle 2 auf Seite 56.

Tabelle 3: Aufteilung der Beschäftigung im Busverkehr

Beschäftigungsfeld	REF-15	ES-35	MM-35
Fahrdienst	63 %	29 %	29 %
Technischer Dienst	22 %	36 %	35 %
Verwaltung	15 %	25 %	24 %
Service an Stationen	0 %	10 %	11 %

Quelle: M-Five mit Basisdaten aus (VDV 2016)

Im Schienenverkehr hingegen wird der Anteil an Beschäftigten im Fahrdienst konstant gehalten, da angesichts der hohen Anzahl an beförderten Fahrgästen der Personalbedarf im Fahrzeug weiterhin auf ähnlichem Niveau bestehen bleibt. Nicht benötigte Fahrer werden durch den zusätzlichen Personalbedarf aufgrund der höheren Auslastung der Fahrzeuge kompensiert. Tabelle 4 zeigt die Verteilung der Beschäftigung[18] der öffentlichen Schienen- und Busverkehre.

Tabelle 4: Beschäftigung in der öffentlichen Personenbeförderung nach Verkehrsmittel

Beschäftigungsfeld	REF-15	ES-35	MM-35
SPFV	19.235	41.000	66.000
SPNV	37.218	78.000	96.000
Straßen- und U-Bahn	20.572	48.000	60.000
Bus	161.794	142.000	83.000
SUMME	238.818	309.000	305.000

Quelle: M-Five mit Basisdaten aus (Statistisches Bundesamt (Destatis) 2017)

Das Vorhandensein einer Vielzahl an Mobilitätsangeboten senkt die Pkw-Besitzrate und Fahrgäste wählen ihre Verkehrsmittel flexibel und situationsangepasst anhand ihrer Bedürfnisse. Dies führt dazu, dass es zu einer erhöhten Nachfrage von Taxifahrten kommt. Durch den demographischen Wandel und die Digitalisierung des Buchungsprozesses wird dieser Effekt zusätzlich verstärkt. Das Taxi wird weiterhin privat genutzt und geteilte Fahrten werden mit autonomen Shuttles zurückgelegt. Ein Teil der Fahrleistung wird von autonomen Taxen zurückgelegt werden und ein Teil der Flotte wird weiterhin mit Fahrern betrieben. Diese sind insbesondere

18 Hier und im gesamten Kapitel B beziehen sich die Angaben zu Arbeitsplätzen und Beschäftigung auf Kopfzahlen.

für Krankentransporte, Reisen mit großem Gepäck oder Reisen von körperlich eingeschränkten Personen weiterhin notwendig.

Im Referenzjahr 2015 wurden 2,9 Milliarden Personenkilometer mit dem Taxi zurückgelegt. Bis zum Projektionsjahr 2035 wird im Szenario ES-35 von einer Steigerung auf 4 Mrd. Pkm und im Szenario MM-35 auf 4,7 Mrd. Pkm ausgegangen. Basierend auf der Annahme, dass ungefähr 30 % der Taxifahrleistung von autonom fahrenden Robo-Taxen erbracht wird, führt dies jedoch nur im Szenario MM-35 zu einer Erhöhung der klassischen Taxiflotte auf 61.000 Fahrzeuge. Die klassische Taxiflotte wird im Szenario ES-35 durch 13.000 und im Szenario MM-35 durch 15.000 Robo-Taxen ergänzt. Der durchschnittliche Besetzungsgrad der Robo-Taxen liegt wie bei klassischen Taxifahrten bei 1,3 Fahrgästen.

Gemäß Angaben des statistischen Bundesamts waren im Referenzjahr 2015 im Taxi- und Mietwagenmarkt ca. 109.000 sozialversicherungspflichtige Beschäftigte tätig. Da der Taximarkt jedoch stark von Kleinstunternehmern geprägt ist, liegt die Zahl der insgesamt Beschäftigten deutlich höher. Im Jahr 2012 beispielsweise besaßen 72 % der Betriebe lediglich ein Taxi.[19]

Die Beschäftigung verteilt sich in den Kreistypen differenziert. In kreisfreien Großstädten beispielsweise ist die Taxi-Dichte deutlich höher als im bundesweiten Durchschnitt. Die Verteilung der Taxi-Dichte ist in Abbildung 5 dargestellt.

19 Dem Geschäftsbericht des Deutschen Taxi- und Mietwagenverbandes e. V. zufolge liegt die Anzahl der Beschäftigten in der Taxibranche bei ca. 200.000 Personen (Deutscher Taxi- und Mietwagenverband e.V. 2017).

Abbildung 5: EW pro Taxi in den Kreistypen[20] differenziert nach Szenario

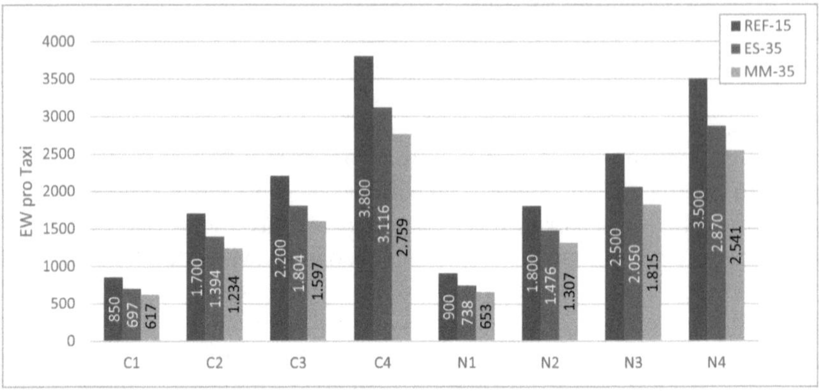

Quelle: M-Five, eigene Berechnung

Trotz der zunehmenden Nachfrage nach Taxiverkehren kommt es im klassischen Taxigeschäft bis zum Projektionsjahr 2035 zu keiner Beschäftigungszunahme. Digitalisierungsprozesse verringern den Beschäftigungsaufwand pro betriebenem Taxi, was bis zum Jahr 2035 zu einem Beschäftigungsrückgang auf 162.000 im Szenario ES-35 und auf 186.000 im Szenario MM-35 führt.

Hinzu kommen für den Betrieb der Robo-Taxen 13.000 Beschäftigte im Szenario ES-35 beziehungsweise 15.000 Beschäftigte im Szenario MM-35. Die Beschäftigung fällt für die Verwaltung der Fahrzeuge, die Wartung und Instandhaltung sowie die Reinigung der Fahrzeuge an. Pro Fahrzeug wird von einer Beschäftigungswirkung von ungefähr 0,15 Personen (Vollzeitäquivalenten) ausgegangen. Insgesamt führt dies zu einer Beschäftigungsverteilung wie in der folgenden Tabelle dargestellt.

Abbildung 6: Beschäftigte im Taximarkt

Beschäftigungsfeld	**REF-15**	**ES-35**	**MM-35**
Klassischer Taximarkt	199.520	162.000	186.000
Robo-Taxen	0	13.000	15.000
Gesamtbeschäftigung	**199.520**	**175.000**	**201.000**

Quelle: M-Five mit Basisdaten aus (Deutscher Taxi- und Mietwagenverband e.V. 2017)

20 Definition der Kreistypen siehe Tabelle 2.

III. Regionale Ergebnisse für Beschäftigung in der Personenbeförderung

Im Szenario ES-35 nimmt die Nutzung des öffentlichen Verkehrs bis zum Projektionsjahr 2035 deutlich zu: 22 % der Verkehrsleistung entfallen im Jahr 2035 auf den Schienenverkehr (REF-15: ca. 8 %), 8 % auf Busverkehre (REF-15: ca. 5 %). Der Umstieg auf öffentliche Verkehrsmittel erfolgt stärker in urbanen Räumen als in ländlichen Räumen. Außerdem steigen die Verfügbarkeit und Nutzung von Carsharing-Diensten und ab dem Jahr 2030 die Nutzung autonomer Shuttle-Dienste stark an.

Allein im Bereich der Personenbeförderung durch autonome Shuttles, Busse und Taxis entstehen ca. 185.500 neue Arbeitsplätze[21], die vor allem auf die größeren Städte entfallen. Abgesehen von Regionen mit stark ausgeprägtem Bevölkerungsrückgang, gewinnen fast alle Landkreise bzw. kreisfreie Städte Beschäftigte in der Personenbeförderung hinzu (siehe Abbildung 7). In neun Fällen (Berlin, Köln, Rhein-Neckar-Kreis, Bonn, Rhein-Sieg-Kreis, Mannheim, Ravensburg, Konstanz und Ansbach) entstehen bei Nettobetrachtung über 500 Arbeitsplätze. Im Bereich des Schienenfahrzeugbaus ist die Beschäftigungszunahme gegenüber REF-15 deutlich schwächer ausgeprägt als im Szenario MM-35. Die Kreise Oberhavel und Görlitz sowie die kreisfreien Städte Salzgitter, Krefeld, Erlangen, Braunschweig, Berlin und München erhöhen die Zahl ihrer Beschäftigten im Schienenfahrzeugbau um jeweils 100 bis 200. Im Bereich Carsharing gewinnen die Millionenstädte Berlin, München, Hamburg und Köln insgesamt knapp 30.000 Beschäftigte hinzu. Die steigende Nachfrage durch den öffentlichen Verkehr (einschließlich neuer Mobilitätsdienstleistungen), Carsharing und Transportdienstleistungen sorgen im Szenario ES-35 für einen Beschäftigungszuwachs in allen größeren Städten, sodass die gesamte Beschäftigung gegenüber REF-15 deutlich ansteigt. Gleichzeitig geht in den Landkreisen mit der stärksten Beschäftigungsabnahme im Bereich des konventionellen öffentlichen Verkehrs die Beschäftigung teilweise in stärkerem Umfang zurück, als neue Arbeitsplätze durch neue Mobilitätsdienstleistungen entstehen können.

---

21 Hier und im gesamten Kapitel B beziehen sich die Angaben zu Arbeitsplätzen und Beschäftigung auf Kopfzahlen.

Abbildung 7: Veränderung der Beschäftigung im ÖV (Verkehrsmittel, Infrastruktur und Mobilitätsdienstleistungen ohne Sharing) im Szenario ES-35 ggü. REF-15

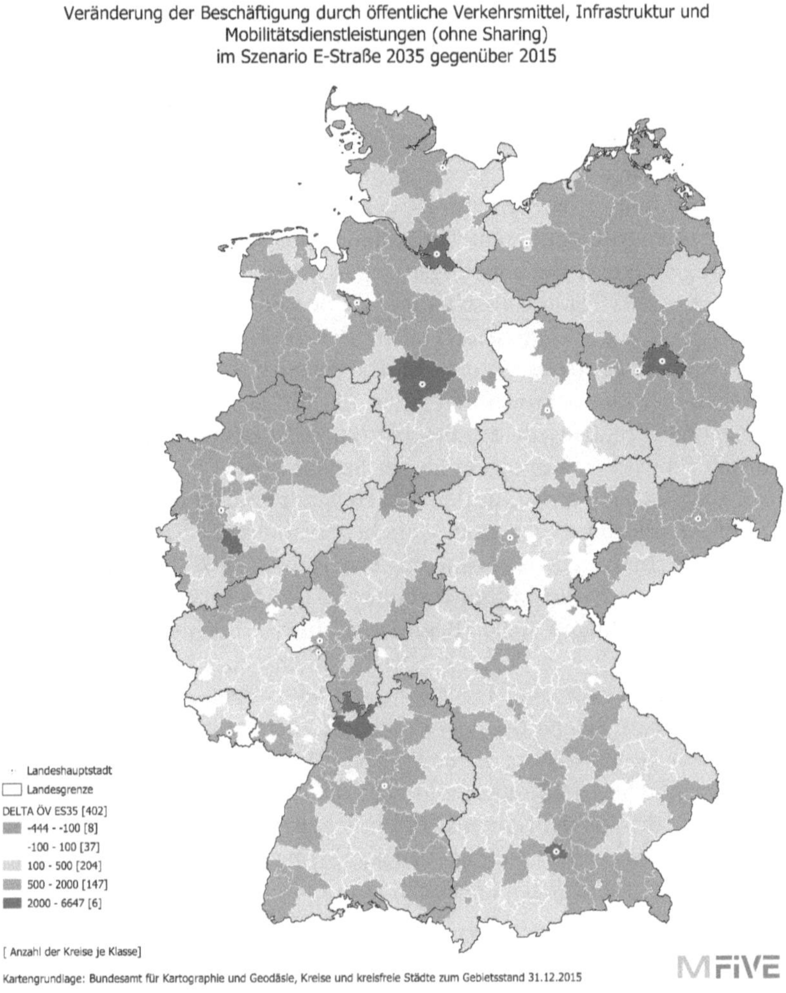

Quelle: M-Five

Im Szenario MM-35 wird davon ausgegangen, dass durch erreichbarkeitsorientierte städtebauliche Strukturen, umweltbewusstes Mobilitätsverhalten und steuerliche Anreize[22] ein bedeutender Teil der Verkehrsleistung auf den Umweltverbund verlagert wird. Im ÖV entfallen im Jahr 2035 ca. 33 % der Verkehrsleistung auf den Schienenverkehr und ca. 6 % auf den Busverkehr. Diese Entwicklungen setzen voraus, dass von Seiten des Bundes und der Länder substanzielle zusätzliche Investitionen in den Ausbau des ÖV getätigt werden. Um eine beachtliche Verlagerung des Personenverkehrs auf die Schiene zu erreichen – so die Annahme – wird massiv in den Infrastrukturausbau investiert und auch die Servicequalität verbessert. Die Bewohner*innen der Metropolen verzichten weitestgehend auf einen privaten Pkw und nutzen je nach Bedarf unterschiedliche und flexible Angebote für ihre täglichen Wege. Wo das bestehende Schienennetz und Buslinien die individuellen Bedürfnisse nicht erfüllen, werden ergänzend und in großer Zahl Services mit autonomen Shuttles oder auch das Taxi genutzt.

In den Städten Berlin, Hamburg, Düsseldorf, Frankfurt am Main, Leipzig, Bonn, Kassel, Essen, Köln, Bochum und Wiesbaden, im Rhein-Neckar-Kreis und im Landkreis Karlsruhe steigt die gesamte verkehrsbezogene Beschäftigung – hauptsächlich getrieben durch demographische Effekte und Mobilitätsdienstleistungen[23] – um mindestens 2.000 Beschäftigte an (siehe Abbildung 8). Die Städte Dortmund und Duisburg gewinnen ca. 3.300 bzw. 3.100 zusätzliche Arbeitsplätze, wobei die Beschäftigung in der Automobilindustrie kaum eine Rolle spielt, dafür aber umso mehr in den Bereichen Carsharing und Personenbeförderung. Allein in den deutschen Millionenstädten Berlin, München, Hamburg und Köln entstehen in Summe knapp 42.000 Arbeitsplätze[24] im Bereich Carsharing. In der Personenbeför-

---

22 Mögliche Anreize können z. B. in Form höherer Energie- und Kraftstoffpreise, Anpassungen der Entfernungspauschale und/oder Straßennutzungsgebühren erfolgen.

23 Die modellierten Mobilitätsdienstleistungen umfassen den Busverkehr (mit klassischen und automatisierten Bussen sowie in kleinen Shuttlebussen), per Bahn (S- und U-Bahn sowie Tram), per Taxi (klassisches und Robo-Taxi) sowie mit Carsharing.

24 Hinsichtlich der sozialen Dimension von Nachhaltigkeit ist die Qualität der neu entstehenden Arbeitsplätze insbesondere in dem wachsenden Bereichen Mobilitätsdienstleistungen kritisch zu prüfen. Allein eine hohe Anzahl zusätzlich entstehender Arbeitsplätze bei Nettobetrachtung auf Kreisebene oder bundesweit kann kein Indikator sein, um die Veränderung der Beschäftigung zu messen. Hierbei sind Aspekte wie das Lohnniveau, gesundheitliche Folgen oder Risiken, Erreichbarkeit und Sicherheit der Arbeitsplätze, familienfreundliche Arbeitszeiten, berufsbegleitende Möglichkeiten zur weiteren Qualifikation und viele mehr zu bewerten und mit den Rahmenbedingungen der entfallenden Arbeitsplätze zu

derung durch autonome Busse, Shuttles und Taxis steigt die Beschäftigung in der Bundeshauptstadt um ca. 8.100, gefolgt von Hamburg (+4.200), München (+3.300) und der Region Hannover (+2.500). Wo das bestehende Schienennetz und Buslinien die individuellen Bedürfnisse nicht erfüllen, werden ergänzend und in großer Zahl Shuttle-Services oder auch das Taxi genutzt. Im Szenario MM-35 entstehen alleine in Berlin knapp 17.000 Arbeitsplätze im ÖV inklusive Schienenfahrzeugbau und -wartung sowie Schieneninfrastrukturherstellung. Rund 16.000 weitere Arbeitsplätze entstehen im Bereich Carsharing. Auch die anderen Großstädte verzeichnen eine sehr starke Beschäftigungszunahme in allen verkehrsbezogenen Bereichen, die nicht mit der Herstellung, dem Verkauf oder der Reparatur von Kfz in Zusammenhang stehen.[25] Stuttgart kann als einwohnerreichste Stadt unter den Kreisen mit der stärksten Abnahme knapp 3.200 zusätzliche Beschäftigte im öffentlichen Verkehr inkl. Schienenfahrzeugbau und -wartung sowie Schieneninfrastrukturherstellung verzeichnen sowie weitere ca. 4.300 Beschäftigte durch Carsharing.

---

vergleichen. Die vorliegende Untersuchung mit einem methodisch quantitativen Fokus kann darauf keine aussagekräftigen Antworten geben.

25 Nicht zuletzt beruht die Beschäftigungszunahme in diesen Städten auch auf einer modifizierten Bevölkerungsentwicklung gegenüber dem Szenario ES-35: Bessere Versorgungsmöglichkeiten, bessere Erreichbarkeit für nichtmotorisierte und öffentliche Verkehrsmittel und steigende Reisekosten im privaten Pkw führen zu einem stärkeren Bevölkerungswachstum der kreisfreien Großstädte zulasten der Kreise im ländlichen Raum, was eine entsprechende regionale Verlagerung der Arbeitsplätze auslöst.

Abbildung 8: Veränderung der Beschäftigung im ÖV (Verkehrsmittel, Infrastruktur und Mobilitätsdienstleistungen ohne Sharing) im Szenario MM-35 ggü. REF-15

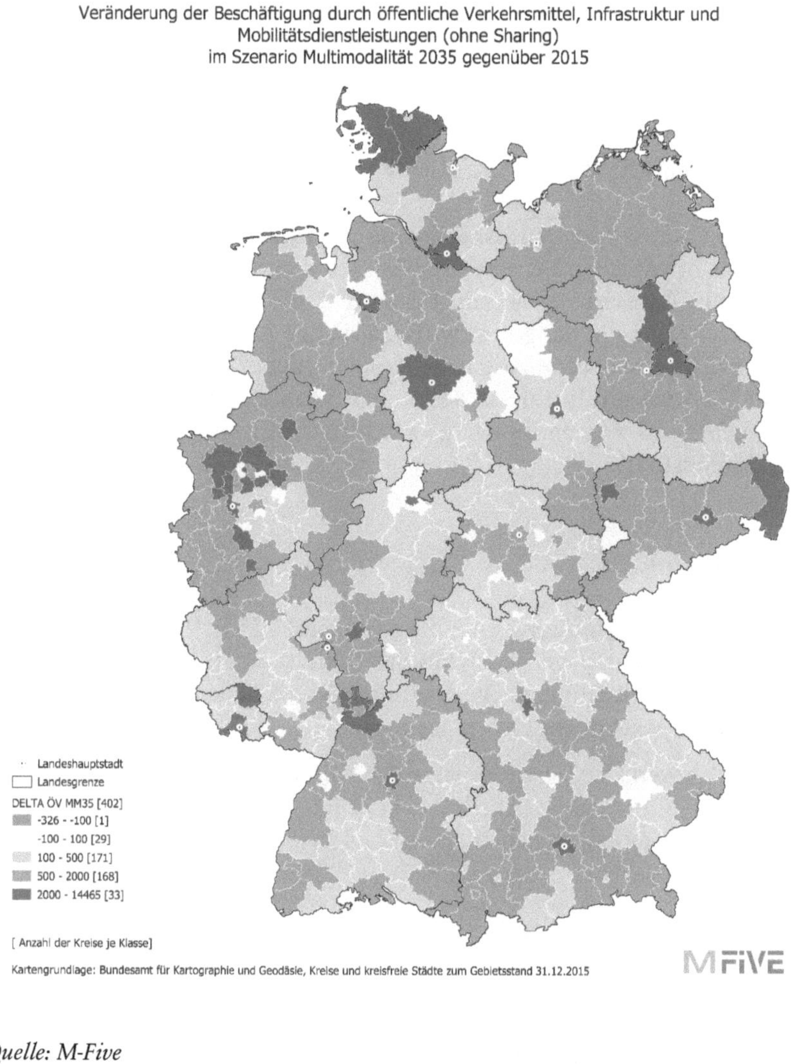

Quelle: M-Five

Die regionale Analyse kommt insgesamt zu dem Ergebnis, dass der Mobilitätssektor auch bis zum Jahr 2035 ein Bereich mit wachsender Beschäftigung bleiben wird. Es kommt aber zu Verschiebungen innerhalb dieses Bereiches. Dabei gewinnen die Bereiche der Mobilitäts- und Verkehrsdienstleistungen zukünftig an Bedeutung für die Beschäftigung in Deutschland. Der Zuwachs an Beschäftigung in Mobilitätsdienstleistungen kann den Wegfall an Beschäftigung in der Fahrzeugproduktion durch den Antriebswechsel auf elektrifizierte und insbesondere batterieelektrische Pkw kompensieren.[26]

C. Gesamtwirtschaftliche Analyse des ÖV

In diesem Kapitel werden zunächst die modellierten Instrumente im Bereich des öffentlichen Personen(nah)verkehrs auf der Schiene und Straße vorgestellt. Zunächst werden im Kapitel C.I. die Investitionen vorgestellt, deren Umsetzung in der gesamtwirtschaftlichen Analyse unterstellt wurde, um die Eckwerte der Szenarien zu erreichen (siehe Tabelle 1 auf S. 51). Im Anschluss wird auf die Effekte durch neue Mobilitätsdienstleistungen (Kapitel C.II.) und Ergebnisse der gesamtwirtschaftlichen Analyse eingegangen (Kapitel C.III.).

I. Investitionen in den ÖV

Beide Szenarien erfordern einen massiven Ausbau der Verkehrsinfrastrukturen der Verkehrsträger des Umweltverbundes sowie den Aufbau neuer Mobilitätsdienstleistungen. Dieser Ausbau wurde in den Szenarien anhand folgender Aspekte quantifiziert:

- Schienenverkehrsinvestitionen (siehe Kapitel C.I.1 und C.I.2.)
- ÖPNV – GVFG plus (siehe Kapitel C.I.3.)
- Mobilitätsstationen (siehe Kapitel C.I.4.)

---

26 Dieser Befund hängt neben den nationalen Faktoren zur Transformation der Mobilität durch Elektrifizierung und Mobilitätsdienstleistungen an zwei weiteren Faktoren, die die Beschäftigung mindestens genauso stark beeinflussen wie die Elektrifizierung der Pkw und die Transformation ihrer Nutzung: die sektorale Produktivitätsentwicklung im Automobilbau und die mögliche Verlagerung größerer Teile der Produktion von Deutschland in die Nachfrageländer.

1. *Investitionen zur Stärkung der Schiene im heutigen Netz*

Das dynamische Referenz-Szenario enthält die in der BVWP 2030 (dort Tabelle 2) eingeplanten Bundesmittel von jährlich etwa 3,9 Mrd. Euro für den Erhalt, etwa 1,7 Mrd. Euro für den Neubau und etwa 490 Mio. Euro für „sonstige Investitionen". Die Summe von knapp 6,2 Mrd. Euro wurde als jährliches Investitionsniveau im Referenzszenario zu Grunde gelegt.

Im Szenario ES-35 wird davon ausgegangen, dass alle im BVWP als „weiterer Bedarf" vorgesehenen Projekte mit einem Investitionsvolumen von 2,5 Mrd. Euro für den Erhalt und 7,2 Mrd. Euro für Neubauten ebenfalls umgesetzt werden. Der Entwurf der LuFV-III sieht ab dem Jahr 2020 für den Erhalt jährlich bereits 6,2 Mrd. Euro vom Bund und 2,4 Mrd. Euro von der Bahn vor. Für neue Strecken, Ausbau überlasteter Bahnknoten und Engpässe, Digitalisierung und Deutschland-Takt sind bis 2030 laut BMVI jährlich 5 Mrd. Euro weitere Mittel notwendig (Wüpper 2018). Die Differenz zwischen den in der LuFV-III bereits vorgesehenen Modernisierungsmitteln und diesen 5 Mrd. haben wir daher als Investitionen zur Erreichung der deutlichen Verkehrsverlagerung (von gut 7 auf über 18.6 % der Personen-km) aufgeschlagen. Insgesamt belaufen sich die Investitionen im Szenario ES-35 somit auf durchschnittlich knapp 14 Mrd. Euro pro Jahr. Diese Investitionen bilden ebenfalls die Grundlage für die dann nochmals erweiterte Schieneninfrastruktur im Szenario MM-35.

2. *Investitionen zum Aufbau der Flächenbahn*

Im Szenario MM-35 wird eine um etwa 9 Prozentpunkte höhere Verlagerung als in ES-35 auf etwa 28 % im Projektionsjahr 2035 erwartet. Diese soll durch die Umsetzung des Konzeptes der Flächenbahn (Hüsing 1999, Waßmuth/Wolf 2020, S. 89) realisiert werden. Wir veranschlagen für die Realisierung der Flächenbahn für den Zeitraum von 2020 bis 2035 die Kosten für die Reaktivierung von 11.000 km Schienenstrecke und den Neubau von 5.000 km Schienenwegen. Damit kommen zu den Investitionen aus dem Szenario ES-35 weitere jährliche Investitionen in das Schienennetz von 3,7 Mrd. Euro hinzu. Insgesamt belaufen sich die Investitionen in die Schiene im Szenario MM-35 somit auf durchschnittlich gut 17 Mrd. Euro pro Jahr.

3. Investitionen zum Ausbau des ÖPNV

In beiden Szenarien wurde davon ausgegangen, dass die Novelle des Gemeindeverkehrsfinanzierungsgesetzes (GVFG) zielstrebig umgesetzt wird, um die Mittel für den schienengebundenen ÖPNV deutlich zu erhöhen. Die aktuellen Pläne wurden daher im Rahmen der Szenarien zugrunde gelegt und teils fortgeschrieben: Die GVFG-Bundesmittel zur Förderung des ÖPNV verdoppelten sich im Jahr 2020 von 332 auf 665 Mio. Euro. Ab dem Jahr 2021 sollen die GVFG-Mittel auf dann 1 Mrd. Euro jährlich weiter erhöht werden. Dieses Niveau wird für das Szenario ES-35 bis zum Projektionsjahr 2035 beibehalten, da hier der Fokus der Verbesserung im ÖPNV auf Bus-Systemen liegt. Im Rahmen des Klimaschutzprogramms sollen ab dem Jahr 2025 die Mittel auf eine Höhe von 2 Mrd. Euro jährlich ansteigen, zuzüglich einer Dynamisierung von 1,8 Prozent pro Jahr (BMVI 2019). Diese Entwicklung haben wir im Szenario MM-35 bis zum Jahr 2035 fortgeschrieben. Somit würden die GVFG-Mittel in MM-35 bis 2035 kumuliert fast 30 Mrd. Euro ergeben (siehe Abbildung 9).

Abbildung 9: Im Szenario MM-35 unterstellte Entwicklung der GFVG-Mittel (inkl. Dynamisierung)

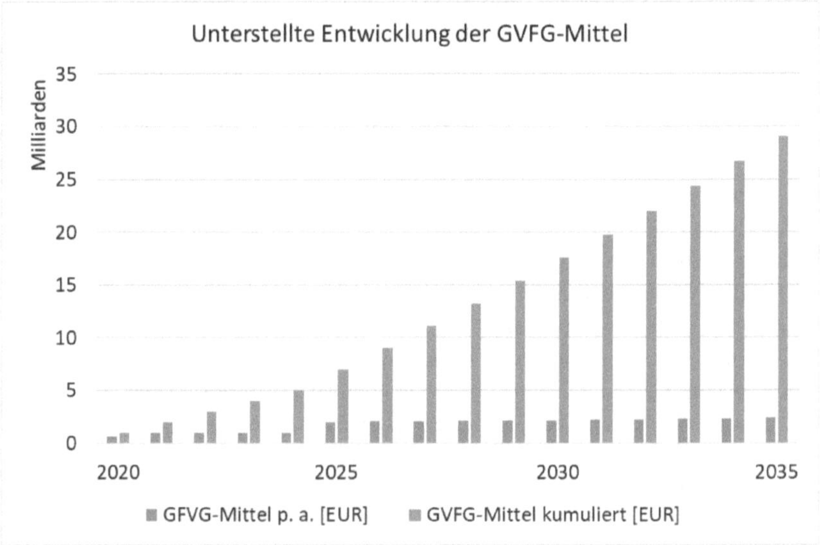

Quelle: M-Five, eigene Darstellung

Außerdem wird in einem Sofortprogramm des Bundes[27] von 2020 bis 2029 ein Programm zum Auf- und Ausbau innovativer Bus-Systeme mit passender Infrastruktur gestärkt (Bus-Spuren, multimodale Haltestellen etc.). Dazu zählen auch neue Technologien, insbesondere digitale Leit- und Steuerungssysteme sowie neue weitgehend elektrifizierte Busse des straßengebundenen ÖPNV. Da das Szenario ES-35 einen stärkeren Ausbau der Bus-Systeme vorsieht, werden hierbei in 30 Ober- und Mittelstädten mit mehr als 100.000 EW die Bus-Systeme mit je 200 Mio. $Euro_{2010}$[28] ertüchtigt (Infrastruktur 150, Leittechnik 30 und Fahrzeuge 20 Mio. $Euro_{2010}$). Außerdem werden im Szenario ES-35 in 50 Klein- und Mittelstädten (ca. 50.000 EW) neue Bus-Systeme aufgebaut bzw. existierende Systeme verbessert. Pro Stadt stehen hierzu im Szenario ES-35 für Infrastruktur 40 Mio. $Euro_{2010}$ und für Leittechnik 10 Mio. $Euro_{2010}$ sowie zusätzlich zur aufgestockten E-Bus Förderung Mittel für die Beschaffung von 10 Bussen zur Verfügung.

Im Szenario MM-35 liegt der Fokus der ÖPNV-Verbesserung auf der Schiene, so dass die Bus-Förderung hier auf 15 Ober- und Mittelstädte (>100.000 EW) und 25 Klein- und Mittelstädte (ca. 50.000 EW) mit den obengenannten Beträgen angelegt ist.

Tabelle 5: Anzahl und unterstellte Investition in deutschen „Busstädten"

	Ober- und Mittelstädte (>100.000 EW)		**Klein- und Mittelstädte (ca. 50.000 EW)**	
	ES-35	**MM-35**	**ES-35**	**MM-35**
Anzahl „Busstädte"	30	15	50	25
Investitionen (pro Stadt)	200 Mio. €	200 Mio. €	50 Mio. € (+ 10 E-Busse)	50 Mio. € (+ 10 E-Busse)
SUMME	**6.000 Mio. €**	**3.000 Mio. €**	**2.500 Mio. € (+ 500 E-Busse)**	**1.250 Mio. € (+ 250 E-Busse)**

Quelle: M-Five

27 Alternativ kann auch geprüft werden, ob eine zeitnahe Integration der Förderung in eines der existierenden Instrumente möglich wäre, z. B. RegG, GVFG (siehe auch Kapitel A.III.).

28 EURO-Angaben aus dem ASTRA-Modell beziehen sich auf den Umrechnungskurs aus dem Jahr 2010.

4. Investitionen in Mobilitätsstationen

Zur Abschätzung der Infrastruktur-Investitionskosten im Bereich von Mobilitätsstationen wurde ein räumlicher Ansatz auf Basis der vier BBSR-Raumtypen gewählt (BBSR 2017; siehe auch Kapitel B). Dabei wurde der Gebietsstand aus dem Referenzjahr 2015 zugrunde gelegt (siehe Abbildung 10).

Mobilitätstation definieren wir gemäß dem Handbuch der Stadt Wien als ein „... Ort oder eine Räumlichkeit, an dem unterschiedliche Mobilitätsangebote und Services miteinander verknüpft werden und ein einfacher Zugang zu diesen gewährt wird.“ (Stadt Wien 2018)

Die Investitionskosten umfassen die infrastrukturellen Baukosten, die zur Errichtung dieser Orte bzw. Räumlichkeiten notwendig sind. Dazu zählen u. a. der Erwerb geeigneter Flächen (falls erforderlich), die Einrichtung von Parkplätzen und Abstellanlagen für Sharing-Fahrzeuge, der Bau von Ladeinfrastruktur, die Aufstellung von Stadtmöbeln und (sofern notwendig) die Neuerrichtung oder Verlegung von ÖV-Haltestellen.

Da die Kosten pro Mobilitätsstation je nach Grundstückslage und Ausstattungsgrad stark variieren, haben wir unterschiedliche durchschnittliche Kostensätze zwischen 500.000 und 8.000 Euro pro Station angenommen. Der höchste Satz von 500.000 Euro pro Station wurde für Orte im Raumtyp 1 (kreisfreie Großstädte) im Szenario ES-35 angesetzt. Dabei nehmen wir an, dass hierbei die Grundstückkosten aufgrund der Bebauungsdichte und Grundstückslage am höchsten sind und die Stationen durch ihre Größe und Ladeinfrastruktur die teuerste Ausstattung haben. Je dünner die Raumtypen besiedelt sind, desto geringer werden unserer Einschätzung nach die durchschnittlichen Grundstückskosten. Mit abnehmender Dimensionierung sinken auch die Ausstattungskosten, bis hin zur minimalen Ausstattung im dünnbesiedelten ländlichen Raum (Raumtyp 4).

Zudem haben wir angenommen, dass die Kosten im Szenario MM-35 etwas geringer sind, als im Szenario ES-35, da aufgrund steigender Nachfrage und zunehmendem Wettbewerb sowie erhöhter Standardisierung Kostensenkungen eintreten. Ferner wird der Bedarf an Ladeinfrastruktur gegenüber dem Szenario ES-35 als etwas geringer eingeschätzt. Daher haben wir die Kostensätze im Szenario MM-35 pro Raumtyp um jeweils 20 % verringert.

Zudem haben wir pro Raumtyp je nach Szenario unterschiedliche Durchschnittsannahmen bezüglich der Stationszahl je Raumtyp getroffen. Dabei gehen wir insgesamt davon aus, dass Mobilitätsstationen aufgrund der Nachfrage wie auch der Angebotspalette im Wesentlichen ein urbanes Phänomen bleiben werden. Sie werden daher vorwiegend in den Raumtypen 1 und 2 errichtet (kreisfreie Großstädte und städtische Kreise). Dies gilt auch für das Szenario MM-35, für das gegenüber dem Szenario ES-35 eine Zunahme der Bevölkerung in kreisfreien Großstädten einkalkuliert wurde. Im Szenario MM-35 kommt es im Kontext intermodaler Schnittstellen zur Flächenbahn allerdings auch in den Raumtypen 3 und 4 (ländliche Kreise mit und ohne Verdichtungsansatz) zu einem, wenn auch nur mäßigen, Stationsaufbau.

In Summe ergeben sich für das Szenario ES-35 bis zum Jahr 2035 Gesamtinvestitionen für Mobilitätsstationen in Höhe von ca. 320 Mio. Euro für zusammen rund 1.200 Stationen. Im Szenario MM-35 ergeben sich Investitionen in Höhe von etwas über 1 Mrd. Euro für zusammen über 6.200 Stationen. Zum Vergleich: Letztere Zahl liegt etwas höher als die heutige Anzahl sämtlicher Personenbahnhöfe der DB AG, die im Jahr 2018 etwa 5.700 Stationen umfasste – vom größten Hauptbahnhof bis zum kleinsten „Landhalt" (DB AG 2019, S. 28).

Abbildung 10: Schema zur Kalkulation der Investitionskosten zur Errichtung von Mobilitätsstationen (ohne Betriebskosten)

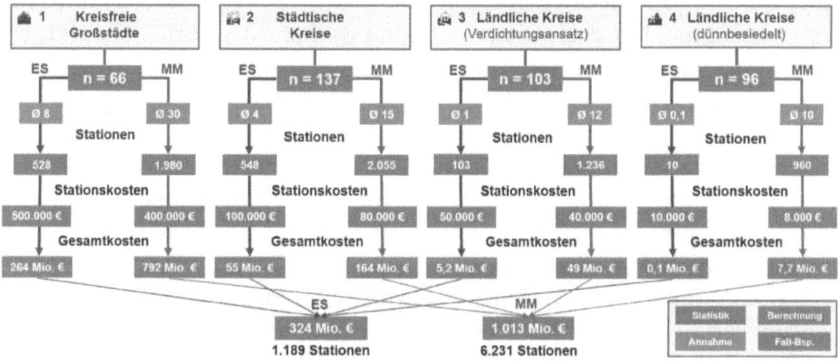

Quelle: M-Five, eigene Darstellung

II. Neue Mobilitätsdienstleistungen

Veränderungen in der Beschäftigung durch Mobilitätsdienstleistungen sind u. a. durch den Hochlauf neuer Mobilitätsformen zu erwarten. Die Beschäftigungswirkung durch die Verkehrsleistung und die im Wandel begriffenen Modalanteile wird im Modell ausgehend von den anhand der in den Szenarien spezifizierten Modalanteile modellierten Umsätze der

Verkehrsträger und einer Reihe von Annahmen berechnet. Diese werden im Folgenden jeweils dargestellt.

Zunächst wird aus den Umsätzen der einzelnen Verkehrsträger und einem Wertschöpfungsanteil (am Gesamtumsatz) die für die Studie relevante Wertschöpfung errechnet. Dieser Anteil liegt standardmäßig bei 50 %, angelehnt an den Wertschöpfungsanteil des Sektors Landverkehr in der Input-Output-Tabelle des Referenzjahres 2015, der bei 50,9 % liegt (DeStatis 2019b). Für einige Mobilitätsformen wurde er differenziert, wenn entweder genauere Daten vorhanden waren oder wenn eine Kalibrierung[29] eine Anpassung erforderte.[30] Bei Post-, Paket-, Kurier- und Expressdienstleistungen (KEP) macht die Wertschöpfung dagegen 42,8 % des Gesamtumsatzes aus, was vor allem an den sehr geringen Nettobetriebsüberschüssen liegt – der Anteil der Arbeitnehmerentgelte im Inland ist dagegen bei KEP mit 37,3 % deutlich höher als bei den Landverkehrsdienstleistungen mit 25,4 % (DeStatis 2019). Die Wertschöpfungsanteile von Shuttles (56,6 %), Car-Sharing (47,5 %) und Robotaxi (52,44 %) wurden aus Sievers/Grimm/Doll (2020) übernommen. Der Anteil bei Taxis wurde auf 75 % erhöht, um den hohen Anteil von Personal- und Steuerausgaben widerzuspiegeln und um auf die empirisch ermittelten hohen Beschäftigungszahlen zu kommen. Für den Schienenpersonenverkehr wurde der Anteil dagegen auf 30 % reduziert, um eine Angleichung an das Beschäftigungs-Umsatz-Verhältnis aus Sievers/Grimm/Doll (2020) zu erreichen.

Die Anteile der jeweiligen Modi im Modell werden an die in den Szenarien definierten Anteile angepasst. Die neuen Modi (autonome Busse, autonome Shuttles und Robotaxi) werden über Hochlaufkurven in die Modellierung integriert. Die Startpunkte und Geschwindigkeit der Etablierung der Modi kann somit variiert werden, während die Anteile und Verkehrsleistungen für das Projektionsjahr 2035 den für das Forschungsprojekt definierten Szenarien entsprechen. Die von uns angenommenen Hochlaufkurven sind in Abbildung 11 dargestellt.

---

29 Kalibrieren bedeutet hier, Modellparameter wie den Wertschöpfungsanteil anzupassen, um Modellergebnisse an empirische Daten anzugleichen.

30 Die Wertschöpfungsanteile unterscheiden sich auch in Sektoren, die in recht enger Verbindung mit dem Verkehr stehen, stark: für Lagerei und sonstige Dienstleistungen für den Verkehr 35,8 %; für Instandhaltung und Reparatur 69,7 % (Destatis, 2019).

Abbildung 11: Hochlaufkurven neuer Verkehrsmodi

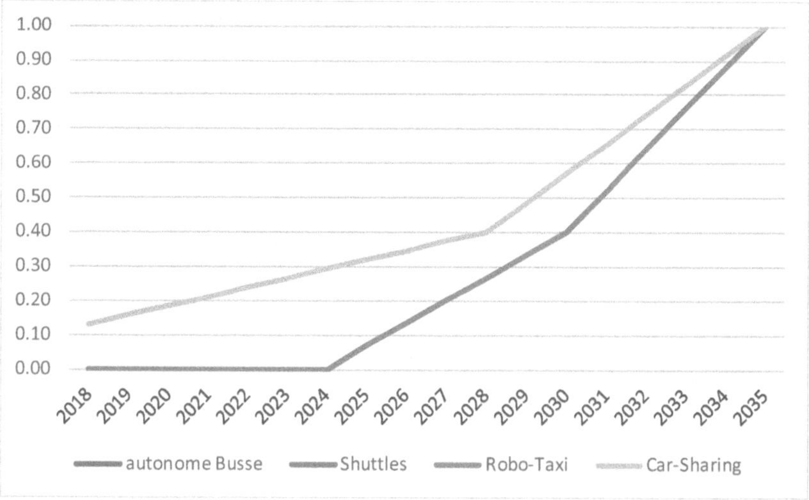

Quelle: M-Five Annahmen

Wir gehen allgemein von einem Importanteil von in der Regel 10 % der Wertschöpfung aus (d.h. Import von Dienstleistungen z.B. durch ausländische Lkw in Deutschland). Dieser deckt sich vor allem mit der Input-Output-Tabelle zum Referenzjahr 2015 mit 9 % Importanteil am Gesamtumsatz des Landverkehrs und 9,9 % an der Wertschöpfung (DeStatis 2019). Dieser Anteil wurde wiederum etwas differenziert: Für Lkw und Güterzüge mit 20 % und bei Bussen, Shuttles, S- und U-Bahn, Carsharing und Taxi mit 1 %. Aus diesen Anteilen und der Bruttowertschöpfung ergibt sich die Bruttowertschöpfung im Inland.

Aus dieser Bruttowertschöpfung im Inland werden dann die Beschäftigtenzahlen berechnet. Die Beschäftigung pro Million Euro Bruttowertschöpfung im Inland liegt zwischen 5 für einige autonome Modi und 60 EWT/Mio.*Euro für (nicht autonome) Taxis. Diese Parameter wurden für die traditionellen Modi aus Wagner et al. (2018) übernommen und für neue, autonome Modi teilweise aus Sievers/Grimm/Doll (2020).

Durch Automatisierung kommt es zu einer Umstrukturierung der Bruttowertschöpfung. Da aktuell menschliche Arbeit durch Technologie ersetzt wird, geht die Summe der Arbeitnehmerentgelte zurück, während die Ausgaben für Technologie (automatisierte Fahrzeuge) steigen. Letztere spiegeln sich in höheren Abschreibungen wider, die auch Teil der Bruttowertschöpfung sind. Die Entwicklung der Betriebsüberschüsse wird maßgeblich von den Hochläufen, Technologiekosten und der Intensität des Wettbewerbs abhängen.

Die Auswirkung der Automatisierung auf die Beschäftigung hängt vor allem von den Parametern für die Beschäftigung pro Bruttowertschöpfung ab. Diese unterscheiden sich in der Regel recht stark: 24,7 bei konventionellen Bussen zu etwa 5 bei autonomen Bussen und Shuttles; beim Taxi sogar von 60 zu 5 EWT/Mio*Euro für die konventionelle und autonome Version.

Auch bei nicht komplett autonomen Modi haben wir eine gewisse Automatisierung modelliert. Bei Lkw, leichten Nutzfahrzeugen, dem Schienenpersonenverkehr sowie S- und U-Bahnen steigt die Produktivität jeweils um 20 % bis 2035. Diese Entwicklung ist an Sievers/Grimm/Doll (2020) orientiert und soll widerspiegeln, dass einige dieser Fahrzeuge autonom fahren werden.

Letztlich könnten auch Importe von Mobilitätsdienstleistungen oder deren Vorleistungen deutlich erhöht werden, wenn autonome Fahrzeuge sich durchsetzen – diese Dynamik ist allerdings nur als Sensitivität modelliert und nicht in den Standardeinstellungen integriert. Während Fahrer durch Technologie ersetzt werden, werden zusätzliche Arbeitsplätze in Leitwarten entstehen, insbesondere für Kontroll- und Störfallpersonal. Diese Tätigkeiten sind computerbasiert und nicht an einen bestimmten Ort gebunden und könnten daher an ausländische Dienstleister oder Unternehmensabteilungen ausgelagert werden. Diesen Effekt erwarten wir allerdings erst wenn die Standardisierung dieser Tätigkeiten fortgeschritten ist, d. h. wenn autonome Modi relativ etabliert sind und damit verbundene Erfahrungs- und Skaleneffekte einsetzen.

Wir berücksichtigen in unserer Modellierung daher auch einen Anstieg von Importen an der Wertschöpfung von 15 % für autonome Modi (autonome Busse, autonome Shuttles, Robo-Taxen). In Arbeitspapier 3 kamen wir zu dem Ergebnis, dass diese Beschäftigten etwa 19 % der Gesamtbeschäftigung ausmachen könnten (Wagner et al. 2019). Ein Anstieg von 15 % wäre daher eine starke Auslagerung und ist damit ein Extremszenario. Die tatsächliche Auslagerung und damit die Änderung der Importanteile dürfte zwischen diesem Wert und 0 % liegen.

III. Gesamtwirtschaftliche Ergebnisse für Beschäftigung in der Personenbeförderung

Die Beschäftigung im Sektor Landverkehr wurde durch ein Bottom-up Modell tiefer differenziert. Dieses verarbeitet die Impulse der neuen Mobilitätsdienstleistungen, welche im vorherigen Kapitel beschrieben wurde.

In den Transport- und Mobilitätsdienstleistungen[31] wächst die Beschäftigung in beiden Szenarien deutlich gegenüber dem Referenzjahr 2015. Im Szenario ES-35 entstehen etwa 300.000 neue Arbeitsplätze (davon gut die Hälfte in Mobilitätsdienstleistungen), im Szenario MM-35 sogar 380.000 (davon zwei Drittel in Mobilitätsdienstleistungen). Diese Entwicklungen sind das Endergebnis mehrerer modellierter Trends, von denen die wichtigsten der Ausbau des öffentlichen Verkehrs, das Wachstum neuer Mobilitätsformen wie Carsharing und Automatisierung sind. Obwohl durch Automatisierung viele Arbeitsplätze verloren gehen wird dieser Trend von den positiven Arbeitsmarktentwicklungen durch die wachsenden Mobilitätsformen dominiert.

Bezogen auf den ÖV zeigt sich in beiden Szenarien eine Zunahme der Beschäftigung. Im Busfahrdienst kommt es jedoch zu einer Abnahme der Beschäftigung, was vor allem auf den Einsatz autonom fahrender Fahrzeuge zurückzuführen ist. Zusätzliches Personal kommt hingegen an großen Busstationen zum Erhalt der Servicequalität zum Einsatz. Der Umfang des technischen Personals wurde gemäß der Entwicklung der Fahrzeugkilometer fortgeschrieben. In ähnlicher Weise wurde hinsichtlich der Verwaltungsmitarbeitenden verfahren, dessen Anzahl anhand der Personenkilometer je Region fortschrieben wurden. Tabelle 6 zeigt die zugrundgelegten Werte für das Referenzjahr 2015 sowie die berechneten Werte für das Projektionsjahr 2035 in den beiden Szenarien.

Tabelle 6: Zahl der ÖV-Beschäftigten in der Referenz und den Szenarien

Beschäftigungsfeld	**REF-15**	**ES-35**	**MM-35**
Schienenpersonen-Fernverkehr	19.235	41.000	66.000
Schienenpersonen-Nahverkehr	37.218	78.000	96.000

31 Mit Mobilitätsdienstleistungen sind hier die Busse (klassisch, automatisiert, on-demand), Bahn, U-, S-, Tram, Carsharing, Taxi und Robo-Taxi einbezogen. Als Transportdienstleistungen werden LKW (im Nah-, Regional- und Fernverkehr) und Schienengüterverkehr bezeichnet.

Beschäftigungsfeld	**REF-15**	**ES-35**	**MM-35**
Straßen- und U-Bahn	20.572	48.000	60.000
Bus	161.794	142.000	83.000
SUMME	**238.819**	**309.000**	**305.000**

Quelle: eigene Berechnungen M-Five, Re-MOB

Durch das Zusammenwirken der verschiedenen Trends ergibt sich ein deutlicher Gipfel bzw. ein Plateau in der Beschäftigungsentwicklung mit bis zu 100.000 mehr Arbeitsplätzen[32] als in den 2035er-Werten. In beiden Szenarien kommt es im Jahr 2030 zu einem Höchststand an Beschäftigung: im Szenario MM-35 mit etwa 80.000 Beschäftigten mehr als im Projektionsjahr 2035, im Szenario ES-35 sogar etwa 130.000 mehr, jeweils mit einem ähnlich hohen Plateau in den Jahren davor und danach (siehe auch Abbildung 12). In diesen Jahren profitiert der Arbeitsmarkt bereits erheblich von dem Wachstum öffentlicher Verkehrsmittel und neuer Mobilitätsformen, während die Automatisierung noch in einem frühen Stadium ist.

Die genaue Dynamik dieser Entwicklung hängt von den Annahmen zur Entwicklung automatisierender Technologien ab. Wir haben in der Modellierung einen Hochlauf angenommen, der im Jahr 2024 ansetzt und sich ab dem Jahr 2030 beschleunigt. Sollte sich die Automatisierung später durchsetzen, wäre auch der Gipfel der Beschäftigungsentwicklung später und außerdem höher, da mehr des prognostizierten Wachstums vor Einsetzen der Automatisierung beginnen und im Aggregat nicht durch diese ausgeglichen würde. Bei einem früheren Hochlauf autonomer Verkehrsmodi ist entsprechend mit einem früheren Gipfel und insgesamt niedrigeren Beschäftigungszahlen in den 2020er Jahren zu rechnen.

Die großen Wachstumstreiber sind Carsharing mit 125.000 (ES-35) bzw. 190.000 (MM-35) zusätzlichen Erwerbstätigen im Jahr 2035 und der Schienenverkehr inklusive S- und U-Bahnen. Das Wachstum im Schienenpersonenverkehr führt dazu, dass die Beschäftigungsentwicklung im öffentlichen Verkehr insgesamt positiv ist, obwohl im Busverkehr viele Arbeitsplätze durch Automatisierung verloren gehen. Das Wachstum der rein autonomen Modi hat dagegen relativ geringe Beschäftigungswirkungen, mit 5.000 bis 6.500 Erwerbstätigen durch Robotaxis, 15.000 (ES-35) bzw. 10.000 (MM-35) durch autonome Busse und 41.000 (ES-35) bzw. 31.000 (MM-35) durch autonome Shuttles.

32 Hier und im folgenden Teil von Kapitel C.III. sind Vollzeitäquivalente gemeint.

Abbildung 12: Veränderung der Erwerbstätigenzahl in den Mobilitätsdienstleistungen – ES-35 gegen REF-15

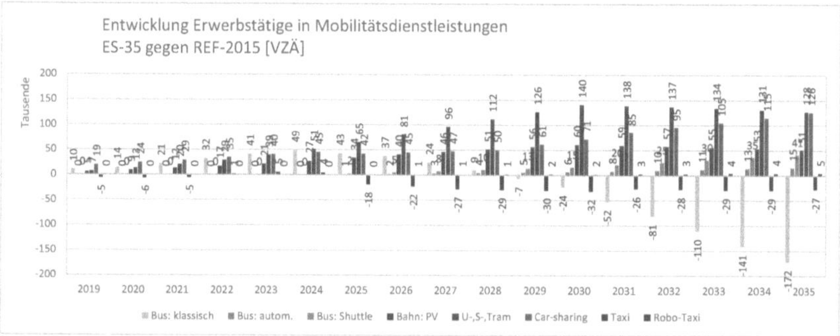

Quelle: eigene Berechnungen M-Five, ASTRA-HBS

Auf der anderen Seite gehen Arbeitsplätze vor allem durch Automatisierung verloren. Dieser Trend betrifft vor allem den Busverkehr. Im konventionellen Busverkehr gehen im Szenario ES-35 rund 171.000 Arbeitsplätze gegenüber dem Referenzjahr 2015 verloren, während durch autonome Busse und Shuttle 56.000 neue Arbeitsplätze entstehen (Netto-Verlust von 115.000 Arbeitsplätzen). Im Szenario MM-35 entsteht ein Nettoverlust von 155.000 Arbeitsplätzen gegenüber dem Referenzjahr 2015, mit einem Minus bei konventionellen Bussen von 196.000 und einem Plus bei autonomen Bussen und Shuttles von 41.000 Arbeitsplätzen. Die unterschiedlichen Größenordnungen ergeben sich dabei vor allem durch die unterschiedlichen Entwicklungen der Verkehrsleistungen des Bussektors in den beiden Szenarien.

In den nicht komplett automatisierten Verkehrsmitteln ist eine teilweise Automatisierung zu erwarten. Mit einer Produktivitätssteigerung von 20% gehen wir gegenüber dem Fall ohne Produktivitätssteigerung durch Automatisierung im Schienenpersonenverkehr des Szenarios MM-35 (inklusive S- und U-Bahn) 66.000 Arbeitsplätze verloren, im Szenario ES-35 rund 61.000 Arbeitsplätze. Noch deutlich stärker sind die Verluste bei Lkw und leichten Nutzfahrzeugen, mit etwa 253.000 Arbeitsplatzverlusten in beiden Szenarien. Diese Verluste sind in den oben beschriebenen Zahlen der Erwerbstätigen enthalten.

Im Zuge der Automatisierung kann es außerdem zu einem Outsourcing computerbasierter Arbeit ins Ausland kommen. Automatisierung bringt einen erhöhten Bedarf an Kontroll-, Überwachungs- und Supporttätigkeiten mit sich, die nicht direkt im Fahrzeug ausgeführt werden. Sobald auto-

Abbildung 13: Veränderung der Erwerbstätigenzahl in den Mobilitätsdienstleistungen – MM-35 gegen REF-2015

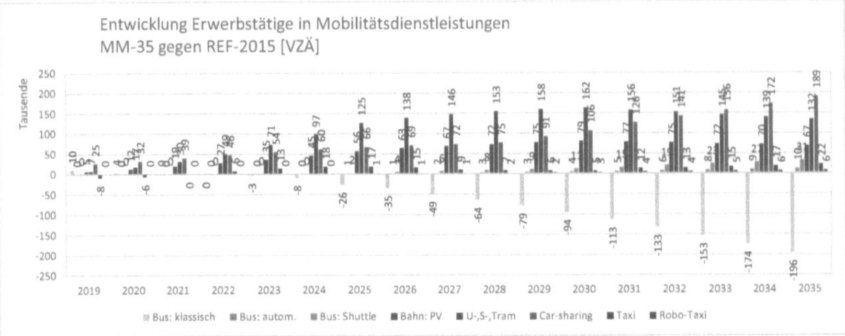

Quelle: eigene Berechnungen M-Five, ASTRA-HBS

nome Modi ausreichend etabliert sind, könnten diese Tätigkeiten so weit standardisiert werden, dass eine Auslagerung an ausländische Dienstleister möglich wäre. Im Modell haben wir als zusätzliche Sensitivitäts-Variante einen Anstieg der Importanteile an der Wertschöpfung um 15% implementiert, gültig für alle rein autonomen Modi (autonome Busse, Shuttles, Robo-Taxi) sowie Nutzfahrzeuge. Diese führt in beiden Szenarien zu etwa 90.000 weniger Beschäftigten im Projektionsjahr 2035. Die Variation der Importe von Mobilitätsdienstleistungen ist nicht in den obigen Zahlen der Erwerbstätigen angewendet worden.

In der dynamischen, gesamtwirtschaftlichen Wirkung überlagern sich somit insgesamt zwei Entwicklungen: die Zunahme der genutzten Mobilitätsdienstleistungen erhöht die Zahl der Erwerbstätigen bis zum Jahr 2030, aber ab 2025 beginnt die Automatisierung des Verkehrs dem entgegenzuwirken. Dies führt dazu, dass die Erwerbstätigenzahl im Jahr 2035 wieder auf das Niveau des Jahres 2025 fällt. Besonders deutlich wird diese Entwicklung im klassischen Busverkehr, bei dem die Beschäftigung im Jahr 2035 im Szenario ES-35 um ca. 172.000 Erwerbstätige niedriger liegt als im Jahr 2015. Im Szenario MM-35 beträgt der Rückgang sogar 196.000 Erwerbstätige. Aggregiert über alle Busangebotsformen beträgt der Rückgang im Szenario ES-35 nur 115.000 Erwerbstätige und im Szenario MM-35 nur 155.000 Erwerbstätige.

Festzuhalten bleibt, dass im klassischen Busverkehr durch die Automatisierung und durch Mobilitätsdienstleistungen ein großes Risiko liegt für substanzielle Rückgänge der Erwerbstätigenzahlen. Im Gegenzug sorgt die Verdopplung des Bahnverkehrs bis zum Jahr 2035 im Szenario ES-35 bzw.

die Verdreifachung im Szenario MM-35 für einen deutlichen Zuwachs der Beschäftigung im Personenverkehr: auf der Schiene im Nah-, Regional- und Fernverkehr von 178.000 Erwerbstätige im Szenario ES-35 und von 199.000 Erwerbstätige im Szenario MM-35 (jeweils gegenüber dem Niveau von 2015).

Tabelle 7 fasst die Änderungen der Erwerbstätigenzahl als Vollzeitäquivalente in den einzelnen Mobilitätsdienstleistungen je Szenario zusammen.

Tabelle 7: Änderung der Erwerbstätigkeit in Mobilitätsdienstleistungen im Bottom-up Modell von ASTRA-HBS gegenüber dem Niveau von 2015 (REF-2015)

	1.000 Erwerbstätige (VZÄ)	**ES-35**		**MM-35**	
Mode	**Mobilitätsdienstleistung im Personenverkehr**	**2025**	**2035**	**2025**	**2035**
Bus	**Bus: klassisch**	43	-172	-26	-196
	Bus: automatisiert	1	15	1	10
	Bus: Shuttle	2	41	2	31
Schiene	**Bahn: Personenverkehr**	34	51	56	67
	U-, S-Bahn, Tram	65	128	125	132
PKW	**Carsharing**	42	126	66	189
	Taxi	-18	-27	17	22
	Robo-Taxi	0	5	1	6
Alle	**Gesamte Änderung Erwerbstätige**	169	166	241	261
Bus	**Gesamte Änderung Bus**	46	-115	-23	-155
Schiene	**Gesamt Änderung Schiene**	99	178	181	199

Quelle: eigene Berechnungen, M-Five, ASTRA-HBS

Konventionelle Dienstleistungen im Personenverkehr (ÖPNV, Schienenfernverkehr, Taxi) bleiben aus regionaler und gesamtwirtschaftlicher Sicht gegenüber REF-15 auf einem ähnlichen Niveau (-7% im Szenario ES-35; +1 bis +3% Beschäftigung im Szenario MM-35).

Die stärkere Nutzung der Schiene durch Personenverkehr (Eisenbahnfernverkehr) und Güterverkehr führt ebenfalls zu höheren positiven Beschäftigungseffekten im Szenario MM-35. Ein höherer Arbeitskräftebedarf in den Bereichen Taxis und Carsharing zur Abrundung der Multimodalität im Szenario MM-35 ist auf die gleichen Argumente zurückzuführen. Der hohe Zuwachs im Bereich Carsharing ergibt sich aus der extremen unterstellten Zunahme der Fzg-km (500-fach von heute) im Szenario MM-35.

Die zunehmende Automatisierung des ÖPNV und die einhergehende Steigerung der Arbeitsproduktivität hat in beiden Szenarien trotz steigender Nutzung des ÖPNV einen negativen direkten Effekt auf die Beschäftigung. Dieser negative Effekt wird zwar von den indirekten Effekten überkompensiert, der resultierende gestiegene Arbeitskräftebedarf im ÖPNV bleibt aber trotzdem in beiden Fällen unter dem Bedarf im Bereich der autonomen Shuttles. Eine Favorisierung der Nutzung autonomer Shuttles aufgrund ihrer positiveren Beschäftigungswirkung bleibt unter Berücksichtigung ihrer Umweltwirkungen zu diskutieren.

D. Empfehlungen zur Regulierung von Mobilitätsangeboten

Die oben erläuterten Zukünfte des ÖPNV sind keine Selbstläufer. Dies verdeutlichen auch die Folgen der Pandemie. Zur Verwirklichung der Szenarien sind Rahmenbedingungen zu schaffen, die geeignet sind, Fahrgäste zurückzugewinnen und spürbaren Kundennutzen zu generieren. Gleichzeitig sollten die Regeln schnelle Reaktionen auf Marktänderungen zulassen, also weniger starr als bisher sein. Im letzten Teil dieses Beitrages möchten wir daher einige Empfehlungen zur Gestaltung der regulatorischen Rahmenbedingungen geben, die uns zur Realisierung der Szenarien ES-35 und MM-35 und damit auch der ermittelten positiven Beschäftigungsimpulse ratsam erscheinen.

Trotz der unterstellten Instrumente wird es auch in Zukunft Orte und Situationen geben, die für einen effizienten Betrieb herkömmlicher ÖPNV-Angebote – der heute überwiegend auf großen und schweren Fahrzeugen mit mehr als zwölf Sitzplätzen basiert – ungünstig sein können. Hierzu zählen nicht nur dünnbesiedelte ländliche Räume und Nachtstunden, sondern auch sonstige Randzeiten oder eng bebaute Siedlungsgebiete. Hier rentiert sich oft kein Linien- und Taktverkehr oder ist räumlich schwer umsetzbar. Diese Lücken können durch flexible Bedienformen verringert werden, die in Form von Anrufbussen, Sammeltaxis und Ähnlichem bereits heute Teil des ÖPNV sind. Damit die Verkehrsleistung des MIV – wie in beiden Szenarien angenommen – aber umfänglich zurückgeht und der Fahrgastschwund gestoppt wird, werden zusätzliche öffentliche Mobilitätsdienstleistungen benötigt. Diese zusätzliche ÖV-Nachfrage kann unserer Einschätzung nach nicht vollständig über herkömmliche ÖPNV-Formen angeregt werden. Sie könnte jedoch in Kombination mit dem ÖPNV über neue Sharing-, Pooling- und On-Demand-Dienste realisiert werden. Daher halten wir für beide Szenarien einen erweiterten Regulierungsrahmen für notwendig, um den neuen Diensten Planungssicherheit zu geben, gleichzeitig aber auch „Leitplanken" gegen eine Substitution des ÖPNV durch neue Dienste zu setzen. Diesen analytisch angenommenen Rahmen möchten wir im Folgenden kurz am Beispiel der Regulierung der Personenbeförderung beschreiben. Dazu werden zunächst zwei mögliche Entwicklungswege umrissen.

Wir starten mit einer Hypothese zum Aufbau multioptionaler Mobilitätsangebote in Deutschland und Europa. Multioptionalität meint hierbei zum einen die objektiv-strukturelle Verfügbarkeit vielfältiger Mobilitätsdienstleistungen (etwa eine fußläufig erreichbare Mobilitätsstation in der Nachbarschaft). Zum anderen ist die subjektiv-mentale Wahrnehmbarkeit durch die Kund*innen gemeint – etwa die Kenntnis von Angeboten und ihre Akzeptanz als Alternative zum Privatauto (Groth 2019, S. 63 ff.). Allgemein existieren zwei differenzierbare Wege, multioptionale Mobilitätsangebote aufzubauen und den Kund*innen erfolgversprechend anzubieten:

1. Low-cost mobility: Die Wirtschaftlichkeit basiert auf der Querfinanzierung einer kostengünstigen multioptionalen Mobilität durch Nutzung von Daten, generiert im Mobilitätssystem. D. h. es werden Mobilitätsdaten zu kommerziellen Zwecken weiterverwertet, was dem Mobilitätsanbieter zusätzliche Einnahmequellen verschafft. Dadurch ist Mobilität den Kund*innen gegenüber sehr kostengünstig anzubieten, ggf. preislich sogar unter den realen Kosten der Dienstleistungen. Zu den externen Umweltkosten könnten zukünftig dann auch externe Privacykosten des Verkehrs hinzukommen. Dieser Weg setzt geringe Hürden für den Datenschutz sowie eine hohe Bereitschaft der Kund*innen zur Preis- und Weitergabe ihrer Daten voraus. Der Preisdruck eines solchen Ansatzes könnte zu wenig attraktiver Arbeit, geringen Einkommen und prekären Beschäftigungsverhältnissen der Erwerbstätigen führen.
2. Premium mobility: Mobilitätsdienstleistungen werden nicht durch externe Nutzung von Mobilitätsdaten querfinanziert. Sie werden nur zum Zwecke der Mobilitätsangebote und mit Zustimmung der Kund*innen weitergegeben. Die Anbieter sichern den Kund*innen größtmögliche Sicherheit und Anonymisierung ihrer Daten zu. Mobilität wird gemäß ihrer internen Kosten bezahlt, wobei Umwelt- und Privacy-Kosten internalisiert wären. Dieser Weg setzt eine ausreichend hohe Zahlungsbereitschaft der Kund*innen voraus, da durch die Datensicherheit zusätzliche Kosten entstehen können und die Anbieter trotz Corona-Ausfälle auf etwaige Zusatzeinnahmen aus der Datenverwertung verzichten. Dieser Verzicht müsste im Rahmen des Datenschutzes staatlich reguliert und mögliche Verstöße im Sinne eines fairen Wett-

bewerbs wirksam sanktioniert werden. Weitere Voraussetzung für die Generierung eines Premium-Marktes ist die Existenz eines nationalen oder weniger europäischer IT-Champions mit hohen Kompetenzen in Big Data, Cloud-Speicherung und Privacy. Beschäftigte in einem solchen Markt würden perspektivisch von guter Arbeit und hohen Sozialstandards profitieren.

Beide Wege setzen eine Neuregulierung der Personenbeförderung voraus, in der überhaupt eine Bandbreite an wettbewerbsfähigen Mobilitätsdienstleistungen innerhalb und außerhalb des bisherigen ÖPNV entstehen kann. Zudem benötigen die Anbieter verlässliche Rahmenbedingungen, um Kooperationsverfahren – z. B. mittels digitaler Plattformen – im Kontext eines fairen Wettbewerbs aufbauen zu können. Viele Mobilitätsdienstleistungen können erst in Ergänzung um zusätzliche Angebote Mehrwert generieren und Attraktivität entfalten (Boll-Westermann et al. 2020).

Nachfolgend wird zunächst der aktuelle Rechtsrahmen in groben Zügen skizziert. Anschließend wird auf spezifische Anpassungs- und Gestaltungsvorschläge im jeweiligen Szenario eingegangen.

I. ÖPNV: Status quo des deutschen Personenbeförderungsrechts

Der öffentliche Personennahverkehr wird durch den Gesetzgeber bisher weitgehend über Busse und Bahnen, d. h. auf Basis linien- und spurgebundener Verkehrsmittel, definiert. Im einschlägigen Personenbeförderungsgesetz (PBefG) sind zusätzlich auch die Verkehrsmittel Taxi und Funkmietwagen (mit Fahrer) sowie Sonder- bzw. flexible Bedienformen wie der sogenannte Anrufbus oder das Anruf-Sammel-Taxi (AST) erfasst.

In der öffentlichen Wahrnehmung beginnt sich das Verständnis von Mobilitäts- und Verkehrsdienstleistungen im weiteren Sinne aber zu wandeln (Mogge 2018). Vielerorts sind zahlreiche Verleihsysteme mit unterschiedlichen Fahrzeugtypen zur öffentlichen Nutzung verfügbar: Vom Carsharing-Auto über Leihroller verschiedener Art bis zum Leihfahrrad. Zusätzlich bieten private Unternehmen Mitfahrgelegenheiten im sogenannten Ridepooling (Algorithmus-gestützte Sammelfahrdienste) oder Ridesharing (auch ohne kommerziellen Hintergrund) an. Diese Dienste werden rechtlich in der Regel aber anders behandelt als der zuvor genannte, „klassische“ ÖPNV.

Vereinfacht ausgedrückt basiert die öffentliche Personenbeförderung in Deutschland gegenwärtig auf zwei stark abweichenden Regulierungsgrundlagen, die sich besonders durch die Genehmigungs- und Förderpraxis unterscheiden. Diese Praxis ist komplex und vielschichtig, so dass sie im Folgenden nur allgemein umrissen werden kann.

Einerseits besteht der nach dem Personenbeförderungsrecht regulierte und vor allem mit dem Gebot der Daseinsvorsorge[33] legitimierte ÖPNV. Dieser kann sowohl durch öffentliche, z. B. kommunale Stadtwerke, erbracht werden als auch durch private Unternehmen. In beiden Fällen müssen sich die Anbieter die Leistungen genehmigen lassen und eine Reihe von Pflichten einhalten – u. a. die Betriebs-, Beförderungs-, Fahrplan- und Tarifpflicht. Im Wesentlich sollen diese Pflichten gewährleisten, dass ein langfristiges, durchgehendes und für alle Nutzer zugängliches ÖPNV-Angebot besteht. Gleichsam als „Gegenleistung" für diese weitreichenden Auflagen, sind die ÖPNV-Anbieter durch Konzessionen auf ihren Linien bzw. in ihren Gebieten vor unmittelbarer Konkurrenz geschützt. Zudem erhalten sie ggf. finanzielle Förderungen, wenn die Fahrgeldeinnahmen alleine nicht ausreichen, um den Betrieb aufrechtzuerhalten. Diese Mittel sind z. B. die sogenannten Regionalisierungsmittel oder die Gemeinde-Verkehrs-Finanzierungs-Mittel (siehe auch Kapitel A.III.). Weiterhin werden Ausgleichszahlungen für Ermäßigungen gegenüber bestimmten Nutzergruppen gewährt (Ilgmann/Polatschek 2013, S. 133).

Anderseits sind in den vergangenen Jahrzehnten diverse neue Mobilitäts- und Verkehrsdienste entstanden, die rechtlich nicht Teil des ÖPNV sind. Die Unternehmen erhalten für ihre Leistungen in der Regel keine oder nur geringfügige staatliche Förderung und unterliegen nicht den Auflagen des PBefG. Dies betrifft herkömmliche Mietwagen- und Chauffeurdienste. Auch das bereits seit den 1990er Jahren bekannte Carsharing und das jüngere Bikesharing sowie neue Mitnahme- und Shuttledienste fallen in diese Kategorie. Die Angebote werden überwiegend durch private Unternehmen, vereinzelt auch durch öffentliche Betreiber oder in kommunaler Trägerschaft erbracht. Letztere sind besonders im Zuge

---

33 Im Regionalisierungsgesetz (RegG) wird die Sicherstellung einer ausreichenden Bedienung der Bevölkerung mit Verkehrsleistungen im ÖPNV als Aufgabe der Daseinsvorsorge definiert (siehe auch Kapitel A.III.1.). Unter Daseinsvorsorge können allgemein gesamtgesellschaftliche und langfristig angelegte soziale Vorkehrungen und infrastrukturelle Vorleistungen zugunsten der breiten Öffentlichkeit verstanden werden. *„Im Kern geht es hierbei darum, Leistungen allen Bürgern gleichmäßig und zu gleichen und billigen Bedingungen zukommen zu lassen. Die Notwendigkeit hierzu ergibt sich aus der zunehmenden Arbeitsteilung der Bevölkerung und der damit einhergehenden Entziehung von eigens verfügbaren Produktionsressourcen"* (Berschin 2000, S. 6). Der Begriff ist deutlich zu unterscheiden von der (Daseins-) *Fürsorge*, die sich auf die besondere Bedürftigkeit einzelner und ggf. benachteiligter sozialer Gruppen bezieht (Schwedes 2011, S. 4).

der Digitalisierung entstanden, die durch Smartphone-Apps, automatische Routenplanung und digitale Plattformen die Basis für vernetzte Mobilitätsdienste schuf (Boll-Westermann et al. 2020). Diese Dienste können in der Regel im deutschen Markt bislang nur insoweit agieren, als dass sie dem herkömmlichen ÖPNV nicht direkt Konkurrenz machen. So haben z. B. Mietwagen mit Fahrer*in im Unterschied zu konzessionierten Taxiunternehmen nach jeder beauftragten Fahrt eine Rückkehrpflicht zum Unternehmenssitz (BTM 2019). Während der Fahrt dürfen Fahrdienste ohne reguläre „ÖPNV-Genehmigung" bzw. Taxikonzession in der Regel keine spontanen Mitnahmewünsche von Fahrgästen erfüllen, es sei denn es liegt eine Sondergenehmigung vor.

Internationale Erfahrungen – besonders aus den Vereinigten Staaten – haben gezeigt, dass bei zu geringer Regulierung nicht ausgeschlossen werden kann, dass klassischer ÖPNV durch neue Sharing- und Shuttledienste zum Teil ersetzt wird und insgesamt zusätzlicher Verkehr entstehen kann (Schaller 2018). Dies kann sowohl umwelt- als auch verkehrspolitisch unerwünschte Folgen haben, wenn die Bündelungswirkung der Linien- und Schienenverkehre geschwächt wird und dadurch mehr Verkehr entsteht. Die Forderung nach Ausbau und Schutz des ÖPNV im Rahmen des herkömmlichen Regulierungsregimes wird weiterhin daher erhoben (Waßmuth/Wolf 2020, S. 56). Auch arbeits- und sozialpolitisch wird die Plattformökonomie der neuen Anbieter zunehmend kritisch hinterfragt (Daum 2019).

Die Ergebnisse der regionalen Analyse (siehe Kapitel B) zeigen jedoch, dass die neuen Mobilitätsdienste bei zunehmender Verbreitung und sozialverträglicher Rahmensetzung auch eine dezentrale Beschäftigungsrelevanz entfalten können. Zudem sind sie eine zentrale Voraussetzung, um den pandemiebedingten Fahrgastschwund auf ehemaligen Achsen der Pendelströme und im Dienstreiseverkehr umzukehren. Bei entsprechender Gestaltung ergeben sich Synergien zum herkömmlichen ÖPNV. Teilweise arbeiten ÖPNV-Betreiber bereits heute mit neuen Anbietern zusammen und bieten kombinierte Leistungen dies- und jenseits des PBefG an. Die Folgen dieser kombinierten Angebote für die Beschäftigung hängen von den jeweiligen Regulierungsprämissen ab. Einerseits ist es möglich, dass die parallele Existenz alter und neuer Angebote eine Schmälerung des herkömmlichen ÖPNV zur Folge hat, so dass sich dieser durch die Förderung und Zusammenarbeit „kannibalisiert", d. h. selbst schädigen könnte (Tartler 2019). Andererseits besteht die Chance, etwa durch Mikromobilität die strukturellen Nachteile des ÖPNV gegenüber dem MIV, z. B. Lücken zwischen Haustür und Haltestelle auf der sogenannten „letzten Meile", zu kompensieren (Trevor 2019).

Ein weiteres Argument für den Einbezug neuer Dienste in den Ordnungsrahmen des ÖPNV zeigte sich in den Diskussionen zum Klimaschutzprogramm 2030 und der Erstellung der LUFV-III (siehe Kapitel C.I.1.). Es zeichnet sich ab, dass sich das Platz- und Fahrzeugangebot sowie die Erreichbarkeit des herkömmlichen ÖPNV nur schwer schnell genug vergrößern lassen, um die klimapolitisch angestrebte Verlagerung vom MIV zu Gemeinschaftsverkehren gemäß den Szenarien aufzunehmen. Dies ist besonders dann der Fall, wenn zusätzliche, neue Infrastrukturen benötigt werden, da aufgrund der langen Planungs- und Genehmigungszeiten und der Kapazitätsengpässe im Baugewerbe die Zeiträume zu lang werden, um die Eckwerte der Szenarien bis zum Jahr 2035 zu erreichen.

Der Interessensausgleich tendiert derzeit (Stand Dezember 2020) zu einem Mittelweg zwischen behutsamer Integration neuer Angebot in den Rechtsrahmen des ÖPNV einerseits unter Beibehaltung der politischen Steuerbarkeit andererseits. Der Kompromiss könnte darin bestehen, dass die Steuerung zukünftig trotz bundesweiten Rechtsrahmens stärker auf die lokalen Gebietskörperschaften verlagert wird, die je nach örtlicher Lage Auflagen erlassen und Grenzen setzen können. D. h. der Gesetzgeber könnten den Städten und Kommunen mehr Gestaltungsspielräume als bisher eröffnen.

II. Empfehlungen zur Regulierung der Personenbeförderung

Wie oben skizziert, ist der ÖPNV bisher in besonderem Maße gemäß der Einhaltung von Beförderungsbedingungen reguliert, d. h. die Genehmigung bzw. Ausschreibungen setzen Anreize zu einem zuverlässigen Betrieb unter weitgehendem Ausschluss von Konkurrenz im Sinne des PBefG. Die Regulierung zielt damit im Wesentlichen auf die Sicherung des Status quo ab, was zum Teil auch als Verbraucherschutz im öffentlichen Verkehr interpretiert werden kann. Vor dem Hintergrund stark erhöhter Anforderungen an den zukünftigen ÖPNV sollte dieses Regulierungsverständnis verändert werden: Wenn der ÖPNV die ihm zugedachte Rolle im Klimaschutz übernehmen und gestärkt aus der Krise kommen soll, reicht unseres Erachtens die Daseinsvorsorge als zentrale Legitimationsgrundlage der Regulierungspraxis nicht mehr aus und sollte um weitergehende Ziele der Energieeffizienz und Synergieeffekte ergänzt werden.

Da die Möglichkeiten je nach Regulierungsgrad von einer destruktiven „Kannibalisierung“ bis hin zu einer allseits fruchtbaren Kombination der Angebote reichen, sollte die Neuausrichtung frühzeitig und proaktiv gestaltet werden: Der Gesetzgeber sollte den Graben zwischen den verschiedenen Regelungskulissen möglichst bald durch eine umfassende Struktur ebnen, welche die gesamte Personenbeförderung umfasst. In dieser ausgeweiteten Regulierungsstruktur wäre der ÖPNV gleichbedeutend mit sämtlichen Angeboten, die die Abhängigkeit der Bürger*innen vom Privatauto verringern und zugleich Verkehrsströme in weniger Fahrzeugen bündeln. Um als ÖPNV im rechtlichen Sinne zu gelten, müssten die Anbieter beides durch geeignete Messgrößen und regelmäßige Erhebungen nachweisen, z. B. durch die Abfrage der Pkw-Besitzquote ihrer Kund*innen oder die Auslastung ihrer eigenen Fahrzeuge (etwa in Pooling-Diensten). Auch die Bereitstellung allgemein zugänglicher Fahrzeuge im Sharing könnte als Verfügbarmachung öffentlich zugänglicher Mittel zur „Selbstbeförderung" interpretiert werden. Die Ausarbeitung und Umsetzung einer präzisen und rechtssicheren Definition ist die gemeinsame Aufgabe aller Akteur*innen in der Verkehrswissenschaft, -planung und -politik.

Im Kontext der beiden Szenarien und der ermittelten Effekte schlagen wir folgende Handlungsempfehlungen zur Gestaltung der Personenbeförderung vor: Der aktuelle Fokus auf Konkurrenz- und Verbraucherschutz sollte in beiden Szenarien sukzessive um weitere Regulierungsprinzipien ergänzt und auf andere Angebotsformen ausgedehnt werden. Sämtliche Anbieter öffentlich zugänglicher Mobilitäts- und Verkehrsdienstleistungen – unabhängig vom Betreiber- und Geschäftsmodell – sollten auf übergreifende Ziele verpflichtet werden. Der allgemeine Rahmen der Regulierung sollte mindestens so weit gefasst sein, dass sich sowohl die oben genannte „low-cost mobility" (Mehrwertgenerierung durch Datenverwertung) als auch die „premium mobility" (Mehrwert durch Datenschutz) darin abbilden lässt, ohne das eine privatwirtschaftlich lukrative Personenbeförderung von vorneherein untersagt wird. Die genaue Ausgestaltung der Ziele –Maßnahmen und daraus abgeleitete Messgrößen – sind im Folgenden abhängig vom Szenario. Welches der beiden skizzierten Zielbilder ratsamer ist, bemisst sich daran, welche Entwicklung als realistischer (z. B. aus Sicht des Hochlaufs der benötigten Investitionen oder der Corona-Effekte), aber auch als politisch wünschenswerter erachtet wird.

1. Handlungsempfehlungen zur ÖPNV-Gestaltung im Szenario ES-35

Hinsichtlich des Szenarios ES-35 sollte die Regulierung des ÖPNV stärker als heute auf den Grad der nachhaltigen Elektrifizierung und Automatisierung ausgerichtet werden. D. h. es würden nur solche Angebote genehmigt bzw. in Ausschreiben bestplatziert und gefördert, die möglichst ressourcenschonend und weitestgehend klimaneutral sind. Im Idealfall sollten die Anbieter nachweisen, dass sie ihr komplettes Angebot ausschließlich auf Basis regenerativer Energien betreiben. Der Staat sollte den Ausbau der erneuerbaren Energien weiterhin aktiv vorantreiben, damit genügend „grüne" Stromkontingente aus „heimischer Produktion" für den Verkehrssektor verfügbar sind. Diese Anforderung sollten auch Anbieter von Mobilitätsplattformen, z. B. Mitfahrvermittler, an ihre Teilnehmer*innen weitergeben (etwa Einsatz von E-Fahrzeugen mit Ökostrom als Voraussetzung zur Nutzung der Plattform). Finanzielle Förderungen sollten nach dem Grad der Elektrifizierung und der eingesparten Menge an Treibhausgasen bemessen sein. Zudem sollte der Automatisierungsgrad im Sinne einer maximierten Straßennutzung und Verkehrssicherheit ebenfalls möglichst hoch sein. Um die flächendeckende und verkehrssichere Nutzung des automatisierten Fahrens zu gewährleisten, ist der Staat gefordert, auch die digitale Infrastruktur entsprechend zu fördern und nötigenfalls selber auszubauen. Langfristig bedarf die physische Verkehrsinfrastruktur eines „digitalen Zwillings" im virtuellen Raum, d.h. all das, was materiell auf der Straße verkehrt sollte sich in Form von Daten und Schnittstellen auch auf elektronischen Plattformen wiederfinden (Boll-Westermann et al. 2020, S. 37). Dies gilt insbesondere für den ÖPNV, da ihre Vernetzung mit zusätzlichen Angeboten zu einem wesentlichen Treiber neuer Geschäftsmodelle wird.

Die Automatisierung braucht jedoch nicht flächendeckend gefördert zu werden, sondern schwerpunktmäßig dort, wo die Personalkosten den herkömmlichen ÖPNV mangels Auslastung besonders unwirtschaftlich macht. Die Effizienzsteigerung der Personenbeförderung ist deshalb wichtig, weil das Szenario ES-35 davon ausgeht, dass sich der ÖPNV in Form von elektrischen Bussen, On-Demand-Shuttles und Leihfahrzeugen verstärkt auf die Straßen konzentriert. Um den Flächenverbrauch durch zusätzliche Straßen zu begrenzen, müssen die vorhandenen Verkehrsflächen so effizient wie möglich genutzt werden. Dabei sollten Regulierung und Förderung solche Anbieter begünstigen, die pro zurückgelegtem Straßenkilometer nachweislich möglichst viele Personen befördern bzw. eine größtmögliche Fahrzeugauslastung erzielen. Da vor allem die neueren Dienste in starkem Maße Daten nutzen, um z. B. Leihfahrzeuge zu lokalisieren oder Routen von On-Demand-Shuttle zu berechnen, sind dies auch Fragen für den Datenschutz. Dies gilt besonders für die oben genannte „Low-cost mobility", da hierbei die Anbieter bestrebt sein könnten, die Daten als Zusatzgeschäft weiterzugeben (auch zu nicht-verkehrlichen Zwecken). Im Szenario ES-35 könnte diese Art der Mehrwertgenerierung dominieren, da aufgrund der Fokussierung auf die Straße die Integrierbarkeit mit dem Schienenverkehr eingeschränkt sein dürfte. Durch die Datenverwertung könnte die Nutzung der Dienste im Gegenzug so günstig werden, dass hohe Auslastungen erreicht werden. Allerdings entfallen viele Zubringerverkehre und Lückenschließungen, die Teil einer „premium mobility" (mit erhöhtem Datenschutz) sein könnten. Nutzer*innen mit Ansprüchen an ihren privaten Daten müssten daher „tiefer in die Tasche greifen". Somit könnte der Schienenverkehr als wichtiger Angebotsbaustein im Szenario ES-35 nicht weit genug entwickelt sein, so dass die Möglichkeiten für multioptionale Mobilitätsangebote beschränkt sind. Daher werden die verbleibenden Optionen für tragfähige Geschäftsmodelle vorwiegend auf der Straße liegen. Zur rechtssicheren Abwicklung von Verkehrs- bzw. Datenflüssen sollte daher im Sinne der Transparenz und Akzeptanz Mindeststandards geschaffen. Dies könnte regulatorisch durch „weiche Maßnahmen", wie die Vergabe staatlicher Gütesiegel unterstützt werden. Auf städtischer Ebene könnte der Bund den Kommunen rechtliche und finanzielle Mittel zur Gewährung räumlicher Vorrechte für geteilte Fahrzeuge im Park-, Lade- und Stationsmanagement bereitstellen.

2. Handlungsempfehlungen zur ÖPNV-Gestaltung im Szenario MM-35

Im Szenario MM-35 sollte die Regulierung hingegen stärker auf die Förderung der multioptionalen Nutzung und der Integration zwischen den Dienstleistungen ausgerichtet sein. D. h. es wären zukünftig nur solche Angebote genehmigungsfähig bzw. in Ausschreibungen bestplatziert oder förderwürdig, die einen möglichst großen Integrationsgrad und Kompatibilität zu anderen Dienstleistungen, insbesondere mit der Schiene, bieten. Registrierung, Buchung, Zugang und Abrechnung sollten grundsätzlich auch mit Anmeldungssystemen jeweiliger Fremdanbieter möglich sein, solange die Backend-Systeme eine eindeutige Einnahmeaufteilung zulassen und der Schutz persönlicher Daten gewährleistet ist. Letzteres ist besonders wichtig, da das Szenario gute Voraussetzung für die oben genannte „premium mobility" bietet: Die Integration zwischen Schiene und Straße schafft viele Möglichkeiten für zusätzliche Angebote an den Schnittstellen der Verkehrsträger. Die Anbieter könnten somit Mehrwerte auch ohne Datenweitergabe (zu nicht-verkehrlichen Zwecken) generieren. Die zusätzliche Zahlungsbereitschaft könnte allein durch die Mobilitätsdienstleistungen in Verbindung mit erhöhtem Datenschutz entstehen. Der Kern der Geschäftsmodelle dürfte vor allem in der nutzerfreundlichen und serviceorientierten Integration der Angebote liegen. Die Datenweitergabe wird also ein Mittel zum Zweck dieser Integration sein und sollte stets auf diesen

Zweck hin eingegrenzt werden (Nachweispflicht der Datenverwendung bzw. -weitergabe).

Infrastrukturell sollte der Einbezug der Schiene und insbesondere der Bahnhöfe oberste Priorität haben. Staat und Gesellschaft sollten auf einen Ausbau der Bahnhöfe zu intermodalen Mobilitätsdrehscheiben einschließlich aller örtlichen Beförderungsoptionen hinwirken. Um die flächendeckende und zuverlässige Nutzung digitaler Mobilitätsplattformen zu gewährleisten, ist der Staat gefordert, das Internet- und Mobilfunknetz auszubauen und auf dem aktuellen Stand der Technik zu halten. Gegenwärtig entwickeln die deutschen ÖPNV-Betreiber zwar eine regionsübergreifende Smartphone-App, an der sich aber bislang nicht alle Verkehrsverbünde in Deutschland beteiligten. Es ist zu befürchten, dass aufgrund der komplexen Abrechnungsvorgänge und abweichenden Tarifsysteme letztlich doch wieder unterschiedliche Apps parallel existieren, die von den Kund*innen installiert und bedient werden müssen. Bei der Verschmelzung sämtlicher kommerzieller Dienste zur Personenbeförderung hat daher die Integrationsfunktion eine zentrale Bedeutung. Damit sind all jene Institutionen gemeint, die eine Koordination der unterschiedlichen Dienstleistungen hinsichtlich durchgehender Informations-, Buchungs- und Abrechnungssystematik gegenüber den Kunden ermöglichen (siehe Kapitel E). Besonders die Auswertung von Nutzerdaten und Bewegungsprofilen ist allerdings zwiespältig: Mobilitätsplattformen werden umso attraktiver, je mehr Dienste ohne Zusatzaufwand nutzbar sind. Dies ist aber oft nur durch Datenweitergabe erreichbar, deren Folgen für die Kunden nicht immer ersichtlich sind. Daher sollten unabhängige „Broker- und Clearing-Stellen" eingerichtet werden, die den Austausch und -abgleich sensibler Daten zwischen den Anbietern vermitteln.

Ebenso wichtig ist die rechtliche Absicherung der Beschäftigten, da ein derart erweiterter ÖPNV stark abweichende Beschäftigungsverhältnisse – von Festangestellten bis zu Freiberuflern –umfasst. Diesbezüglich sollte die soziale Verantwortung der Anbieter für ihre Mitarbeiter*innen auch im Falle von Plattformen fester Bestandteil der politischen Gestaltung blieben. Entsprechende sozialpartnerschaftliche und rechtliche Standards sollten daher bei der Förderung von Integrationsmaßnahmen stets besonders berücksichtigt werden. Die Unterstützung könnte um „weiche Maßnahmen", wie die Vergabe staatlicher Gütesiegel ergänzt werden.

Da die Integration letztlich in bestimmten Städten und Gemeinden vor Ort stattfindet, sollten kommunale Gebietskörperschaften mit den regulatorischen und finanziellen Mitteln ausgestattet werden, um die kombinierten Angebote nach den ortsspezifischen Erfordernissen auszugestalten. Die heutigen Verkehrsverbünde sollten in Mobilitätsverbünde umgewandelt werden, die sämtliche öffentlich zugänglichen Verkehrsmittel unter einer einheitlichen Plattform zusammenfassen, d. h. Bus, Bahn, Taxi, aber auch Fahrzeug-Sharing und Mitnahmeangebote aller (gewerblicher) Art. Die Einbindung der Anbieter in den Verbund würde zur Voraussetzung für ihre Zulassung. Das herkömmliche Prinzip „ein Verbund, ein Ticket, ein Tarif" könnte um den Zusatz „ein Zugang, ein Zahlungsmittel" ergänzt werden. An die gemeinsame Abrechnung aller genutzten Angebote sollte aus Gründen der Transparenz ein einheitlicher Maßstab angelegt werden, etwa ein Kilometer-Tarif oder ein CO_2-Tarif. Im Ergebnis erhalten die Nutzer*innen einen regelmäßigen „Einzelverbindungsnachweis" ihrer Mobilität aus einer Hand über sämtliche genutzten Angebote.

E. Ausblick: Wer führt die Regie?

Die Empfehlung eines einheitlichen Rechtsrahmens für bislang unterschiedlich geregelte Dienste wirft auch die Frage nach der Trägerschaft und Kontrollinstanz auf: Wer soll für die Einhaltung der Regeln und Standards Sorge tragen? Salopp ausgedrückt: Wir kennen den Film, aber wer führt die Regie? Diese Aufgabe könnte bei den Betreibern, Verbünden und Aufgabenträgern des herkömmlichen ÖPNV liegen, die die längste Erfahrung in der Personenbeförderung haben. Diese würden dann zusätzliche Sharing- und Pooling-Dienste in ihr Portofolie mit aufnehmen, die ggf. von Dritten „zugeliefert" werden. Im Szenario ES-35 könnte die Regie aber auch bei den Energieversorgern liegen, die teilweise mit örtlichen Verkehrsbetrieben in Stadtwerken organisiert sind und mancherorts bereits mit dem Aufbau eigener E-Sharing-Angebote begonnen haben (vor allem E-Roller-Sharing; siehe Howe 2020). Eine prädestinierte Rolle im Szenario MM-35 hätten sicherlich die erwähnten Mobilitätsverbünde als Weiterentwicklung der heutigen Verkehrsverbünde. Gegenstand dieser Regie-Ebene wären zunächst regional isolierte aber jeweils integrierte Mobilitätsangebote ausgehend vom regionalen ÖPNV-Angebot. D. h. die Nutzer*innen erhalten alles aus der Hand ihres jeweiligen Nahverkehrsversorgers (Option 1: regional isolierte aber jeweils integrierte Mobilitätsangebote). Es ist aber nicht auszuschließen, dass neue Anbieter und Plattformbetreiber versuchen werden, selbst die Rolle des Koordinators zu übernehmen. Um hierdurch möglicherweise entstehendem „Mehrverkehr" vorzubeugen, empfehlen wir, die Regiefunktionen bei möglichst unabhängigen, dritten Instanzen anzusiedeln.

Im Szenario ES-35 kommt beispielsweise eine erweiterte Bundesnetzagentur oder eine entsprechende Instanz auf EU-Ebene in Betracht. So könnte die Verkehrswende zusammen mit der Energiewende und der Elektromobilität koordiniert werden. Innerhalb dieses Regie-Rahmens wären mehrere deutschlandweit integrierte Mobilitätsangebote im Wettbewerb denkbar (Option 2: Oligopole mit Abdeckungslücken). Förderlich wäre der Wettstreit um die beste Lösung. Als nachteilig könnten sich hingegen die Zentralität und die mangelnde Abdeckung in Räumen mit schwacher Wirtschaftskraft bzw. geringer Nachfrage erweisen.

Im Szenario MM-35 liegt der Koordinationsbedarf im Kern voraussichtlich in der Abstimmung mit der Schiene, sowohl im Nah- als auch im Fernverkehr. Eine mögliche Regie-Instanz wäre daher ein erweitertes Eisenbahn-Bundesamt oder eine entsprechende Instanz auf EU-Ebene. Eine solche Zentralinstanz könnte die Anschlüsse im Schienenverkehr sicherstellen, inklusive der Interoperabilität mit Diensten auf der Straße. Ferner könnte eine unabhängige Gesellschaft mit der einheitlichen Abwicklung von integrierten Bahn-Anschluss-Tarifen und Aufstellung von Vertragsbedingungen beauftragt werden. Diese Gesellschaft wäre dann der einheitliche Vertragspartner für alle Reisenden (Option 3: Mobilitätsvertrag mit einem Partner bietet umfassende Mobilität).

Langfristig sollte aber in beiden Szenarien eine Integration mehrerer Regie-Optionen angestrebt werden, indem gesetzliche Verpflichtung zum „Roaming“ zwischen regionalen Anbietern in ganz Europa unter Aufsicht einer Zentralinstanz geschaffen werden (Option 4: einheitliche Nutzung über regionale Oligopole hinweg). Die Herausforderung besteht also unseres Erachtens darin, die bundesweite – besser noch: EU-weite – Setzung von Mindeststandards mit der regionalen „Feinsteuerung“ hinsichtlich ortsspezifischer Besonderheiten zu kombinieren. Während die Mindeststandards besonders für die Akzeptanz der „low-cost mobility“ wichtig sind, wird die Feinjustierung vor allem für „premium mobility“ bedeutsam, um aus Kundensicht passgenaue Mehrwertangebote für die Bedarfe vor Ort zu erleichtern.

Insgesamt bleibt festzuhalten, dass die grundsätzliche Frage schon lange nicht mehr darin besteht, ob die Mobilitätswende mit veränderten Mobilitätskonzepten kommt oder nicht. Der Wandel wird in einer globalisierten und zu dekarbonisierenden Welt früher oder später kommen. Angesichts der klimapolitischen Erfordernisse, wird er durch Corona allenfalls verlangsamt, aber nicht aufgehalten. In Europa wird der Wandel bereits die kommende Dekade der 2020er Jahre prägen. Die Frage, die sich jetzt stellt, ist vielmehr, wer die zukünftigen Player und „Regisseure“ im Mobilitätsmarkt sind. Wenn der Wandel nicht hierzulande vorgedacht, mitgedacht und gestaltet wird, dann gestalten ihn andere Unternehmen aus dem Ausland. Die Abbremsung des Strukturwandels – etwa mit Hinweis auf die

Corona-Krise – ist keine Lösung, denn die Klimafolgen warten nicht, wie die jüngste Hochwasserkatastrophe im Westen Deutschlands zeigt. Dabei steht außer Frage, dass die Herausforderungen, vor der der ÖPNV steht, enorm groß sind und krisenbedingt weiter anwachsen. Die Infrastrukturplanung im ÖPNV leidet – wie alle Infrastrukturfelder – unter einem Mangel an Planer*innen und Unternehmenskapazität für den Bau. Es ist fraglich, ob die erwähnten finanziellen Mittel wirklich ausreichen, um nicht nur die Rückgewinnung der Fahrgäste nach der Krise zu erreichen, sondern auch den erhofften Zuwachs. Folgt aus mehr Finanzmitteln überhaupt mehr Verlagerung bzw. mehr Klimaschutz? Wie könnte der Impuls des Bundes effektiver auf die Kommunen zur Verbesserung des ÖPNV wirken, wenn sich – wie bisher – „nur" der Bund und nicht jede Kommune selbst zum Klimaschutz verpflichtet?

Die genannten Handlungsempfehlungen konnten zur Beantwortung dieser Fragen nur erste Ansätze liefern, aber sie können die Verkehrsunternehmen auf ihrem Weg begleiten. Gleichzeitig wird eine reine Ausrichtung auf die Angebotsseite der Mobilität nicht ausreichen. Vermehrt muss auch die Nachfrageseite in die politischen Konzepte miteinbezogen werden. Solange beispielsweise ein deutsches Personenbeförderungsgesetz viele Mobilitätsdienstleistungen verbietet und der ansässigen Industrie und den ÖV-Unternehmen die Experimentierräume nimmt, kann sich in diesem Bereich auch keine Vorreiterstellung entwickeln. Zu befürchten steht hier auch, dass regionale Befindlichkeiten im ÖV-System übergreifende, kundenfreundliche Lösungen verhindern. Das bedeutet, dass neben der Arbeitsmarktpolitik eben auch die Verkehrspolitik mit ihrem möglichen Einfluss auf die Nachfrage enger mit der Unternehmenspolitik zusammenarbeiten muss. Dann könnte im ÖPNV der von uns abgeschätzte Zuwachs an Beschäftigung entstehen, und zugleich auch attraktive und sichere Arbeitsplätze erhalten und geschaffen werden.

Referenzen

BBSR (2017): Laufende Raumbeobachtung – Raumabgrenzungen – Siedlungsstrukturelle Kreistypen 2017. Bundesinstitut für Bau-, Stadt- und Raumforschung, online unter: https://www.bbsr.bund.de/BBSR/DE/Raumbeobachtung/Raumabgrenzungen/deutschland/kreise/Kreistypen4/kreistypen_node.htm (letzter Zugriff am 5. Juni 2019).

Berschin F. (2000): *Daseinsvorsorge durch Wettbewerb – der öffentliche Verkehr zu Lande im Markt*. Ruprecht-Karls-Universität Heidelberg.

Boll-Westermann, S. et al. (2020). *KI-Geschäftsmodelle für Reisen und Transport. Mehr Wirtschaftlichkeit und Nachhaltigkeit in der Mobilität der Zukunft.* Whitepaper der Plattform Lernende Systeme, Bundesministerium für Bildung und Forschung (BMBF)/Deutsche Akademie der Technikwissenschaften (acatech), online unter: https://www.plattform-lernende-systeme.de/files/Downloads/Publikationen/AG4_5_Geschaeftsmodelle_Reisen_Transport.pdf (letzter Zugriff am 14. Dezember 2020).

BTM (2019): *Rückkehrpflicht für Mietwagen.* Taxipedia. Bundesverband Taxi und Mietwagen e.V. Online unter http://taxipedia.info/rueckkehrpflicht-fuer-mietwagen (letzter Zugriff am 14. Dezember 2020).

Bundesagentur für Arbeit (2016): *Arbeitsmarkt in Zahlen: Beschäftigungsstatistik. Sozialverischerungspflichtig und geringfügig Beschäftigte nach Wirtschaftszweigen der WZ2008.*

DB AG (2019): *Daten & Fakten 2018.* Deutsche Bahn AG, online unter: https://www.deutschebahn.com/resource/blob/3992278/1d136e983334750ef4f24072d49c7cdf/20190325_bpk_2019_daten_fakten-data.pdf (letzter Zugriff am 11. Dezember 2020).

DB Fernverkehr AG (2016): *DB Fernverkehr AG – Geschäftsbericht 2016.*

Daum T. (2019): *Das Auto im digitalen Kapitalismus – Wenn Algorithmen und Daten den Verkehr bestimmt.* oekom, München.

Destatis (2019b): *Volkswirtschaftliche Gesamtrechnungen*: Input-Output Rechnungen 2015. Stand: August 2018, Wiesbaden.

Deutscher Taxi- und Mietwagenverband e.V. (2017): *BZP Geschäftsbericht 2016/2017.*

Dorsch, M. (2019): *Öffentlicher Personennahverkehr. Grundlagen und 25 Fallstudien mit Lösungen.* UVK, München.

Groth S. (2019): *Von der automobilen zur multimodalen Gesellschaft? Multioptionalität als Voraussetzung für multimodales Verhalten.* Transcript, Bielefeld.

Howe, Enrico (2020): moped.sharing.research, online unter: www.mopedsharing.com (letzter Zugriff am 15. Dezember 2020).

Hüsing M. (1999): *Die Flächenbahn als verkehrspolitische Alternative.* Wuppertal Spezial Nr. 12, Wuppertal Institut für Klima, Umwelt, Energie; Wuppertal.

Ilgmann G., Polatschek K. (2013): *Zukunft der Mobilität. Wie viel öffentlichen Personenverkehr werden wir uns leisten können?* Collective Intelligence Press, Berlin.

Mogge K. (2018): *Abgrenzung und Begriffsbestimmung neuer Mobilitätskonzepte – Analyse des Begriffs- und Konzeptverständnisses von Bürgern bezüglich neuer, bedarfsorientierter Mobilitätsangebote.* Masterarbeit, Johannes Gutenberg-Universität Mainz, online unter: https://elib.dlr.de/121294/1/Masterarbeit.pdf (letzter Zugriff am 14. Dezember 2020).

Schade W., Berthold D., Mader S., Scherf C., Stich M., Wagner U. (2020): *Gesamtwirtschaftliche Wirkungen durch die Transformation zu nachhaltiger Mobilität.* Arbeitspapier im Auftrag der Hans-Böckler-Stiftung, Karlsruhe.

Schade W., Doll C., Mader S., Sievers L., Wagner U. (2017): *Beschäftigungseffekte nachhaltiger Mobilität-Leitbild nachhaltige Mobilität: Szenarien Multi-Modalität-2035 und E-Straße-2035*. Arbeitspapier im Auftrag der Hans-Böckler-Stiftung, Karlsruhe.

Schaller B. (2018): The New Automobility – Lyft, Uber and the Future of American Cities. Schaller Consulting, Brooklyn NY, online unter: http://www.schallerconsult.com/rideservices/automobility.pdf (letzter Zugriff am 14. Dezember 2020).

Schwedes O. (2011): *Die Daseinsvorsorge im Verkehr. Geschichte – Gegenwart – Zukunft*. Verbraucherzentrale Bundesverband, online unter: https://www.vzbv.de/sites/default/files/downloads/Verkehr_Daseinsvorsorge-Schwedes-2011.pdf (letzter Zugriff am 14. Dezember 2020).

Sievers L., Grimm A., Doll C. (2020): *Transformation der Mobilität: Bestimmung der Beschäftigungseffekte in 2035 mit einem Input-Output-Modell*. Arbeitspapier im Auftrag der Hans-Böckler-Stiftung, Karlsruhe.

Stadt Wien (2018): *Leitfaden Mobilitätsstationen*. Werkstattbericht 179, online unter: https://www.wien.gv.at/stadtentwicklung/studien/pdf/b008521.pdf (letzter Zugriff am 11. Dezember 2020).

Statistisches Bundesamt (Destatis) (2017): Personenverkehr mit Bussen und Bahnen 2015. Fachserie 8 Reihe 3.1.

Tartler J. (2019): *„Klar findet eine Kannibalisierung statt" – Was eine Verkehrsforscherin über die Mobilität der Zukunft sagt*. In: *Berliner Tagesspiegel*, Interview vom 8. April 2019, online unter: https://www.tagesspiegel.de/wirtschaft/klar-findet-eine-kannibalisierung-statt-was-eine-verkehrsforscherin-ueber-die-mobilitaet-der-zukunft-sagt/24188834.html (letzter Zugriff am 14. Dezember 2020).

Trevor R. (2019). *Potenziale der Mikromobilität in den Vereinigten Staaten, Großbritannien und Deutschland*. INRIX, Download http://www2.inrix.com/micromobility-study-2019 (letzter Zugriff am 14. Dezember 2020).

VDV (2016): *VDV Statistik 2015*. Verband Deutscher Verkehrsunternehmen, online unter: https://www.vdv.de/vdv-statistik-2015.pdfx?forced=true (letzter Zugriff am 11. Dezember 2020).

VDV (2019): *VDV Statistik 2019*. Verband Deutscher Verkehrsunternehmen, online unter: https://www.vdv.de/vdv-statistik-2019.pdfx?forced=true (letzter Zugriff am 19. Dezember 2020).

VDV (2020a): *Fahrgeld*. Verband Deutscher Verkehrsunternehmen, online unter: https://www.mobi-wissen.de/Finanzierung/Fahrgeld (letzter Zugriff am 19. Dezember 2020).

VDV (2020b): *Regionalisierungsgesetz / Regionalisierungsmittel*. Verband Deutscher Verkehrsunternehmen, online unter: https://www.mobi-wissen.de/Finanzierung/Regionalisierungsgesetz---Regionalisierungsmittel (letzter Zugriff am 11. Dezember 2020).

Wagner U., Schade W., Berthold D., Mader S., Schäfer S., Scherf C. (2019): *Transformation der Mobilität aus regionaler Sicht: Fortschreibung des Status quo von Wertschöpfung und Beschäftigung in der Mobilität auf Kreisebene*. Arbeitspapier im Auftrag der Hans-Böckler-Stiftung, Karlsruhe.

Waluga, G. (2017): *Das Bürgerticket für den öffentlichen Personennahverkehr. Nutzen – Kosten – Klimaschutz.* oekom, München.

Waßmuth C., Wolf W. (2020): *Verkehrswende – Ein Manifest.* Papyrossa, Köln.

Wüpper T. (2018): Für Schienen-Investitionen fehlt dem Bund das Geld. In: *Der Tagesspiegel.* Online unter: https://www.tagesspiegel.de/wirtschaft/ausbau-wuerde-71-milliarden-euro-kosten-fuer-schienen-investitionen-fehlt-dem-bund-das-geld/23651434.html (letzter Zugriff am 11. November 2020).

Stärkung des ÖPNV durch verbesserte Planungs- und Finanzierungsstrukturen

*Prof. Dr. Michael Rodi**

A. *Einleitende Bemerkungen*

Die vorliegende rechtswissenschaftliche Untersuchung, mit Fokus auf dem einschlägigen Bundesrecht, befasst sich damit, wie der Rechtsrahmen fortentwickelt werden kann, um den öffentlichen Nahverkehr zu modernisieren und zu stärken. Aus der breiten Diskussion werden dabei drei Schwerpunkte näher beleuchtet: (B.) die Verbesserung der Planung und die Reform des Nahverkehrsplans, (C.) die Erweiterung und Flexibilisierung des Angebots (flexible oder bedarfsgerechte Bedienformen) unter Einschluss digitaler Mobilitätsplattformen und (D.) eine Reform der Finanzierung des öffentlichen Nahverkehrs. Abschließend wird der Frage nachgegangen, ob nicht statt inkrementeller Reformen im jetzigen Recht ein Paradigmenwechsel durch die Schaffung eines Mobilitätsgesetzes des Bundes eingeleitet werden sollte (E.).

Die Dekarbonisierung des Verkehrssektors ist eine der anspruchsvollsten Aufgaben des Gesetzgebers im Rahmen der Energiewende. Dabei lassen sich einige Handlungspfade unterscheiden: integrierte Stadt- und Verkehrsplanung zur Reduktion von Verkehr, energieeffizientere Fahrzeugtechnik, neue auf erneuerbaren Energieträgern basierende Antriebstechniken (E- und Wasserstoffmobilität, synth. Kraftstoffe), sowie die Stärkung des Schienenverkehrs. Ein wichtiger Baustein der Verkehrswende[1] ist die

---

* Der Verfasser ist Inhaber des Lehrstuhls für Öffentliches Recht, Finanzrecht, Umwelt- und Energierecht an der Universität Greifswald und Direktor des Instituts für Klimaschutz, Energie und Mobilität (IKEM)

1 Zum Begriff „Verkehrswende" vgl. Agora Verkehrswende, Mit der Verkehrswende die Mobilität von morgen sichern -12 Thesen zur Verkehrswende, 2017, S. 14 ff. Unter Verkehrswende ist danach die grundlegende Transformation des Verkehrssektors im Lichte der Klimaschutzziele zu verstehen. Die Verkehrswende beruht auf zwei Säulen: auf der Mobilitätswende – und auf der Energiewende im Verkehr. Die Mobilitätswende sorgt dafür, dass der Endenergieverbrauch des Verkehrssektors ohne Einschränkung der Mobilität sinkt, etwa durch technologische Entwicklungen oder multimodales Verkehrsverhalten. Durch die Energiewende im Ver-

Stärkung und Modernisierung des öffentlichen Nahverkehrs. Dieses Teilziel ist auch deshalb von besonderer Bedeutung, weil auf diesem Weg auch das Grundrecht der Menschen auf Mobilität gefördert und Mobilitätsarmut vermieden oder zumindest reduziert werden kann.[2]

Die Betrachtung wird auf den straßengebundenen ÖPNV bezogen. Trotz Überlegungen zu einer integrierten Gesamtreform unter Einschluss des schienengebundenen Nahverkehrs (SNPV)[3] sind diese Bereiche aufgrund unterschiedlicher historischer Entwicklungspfade in Struktur, Aufgabenträgerschaft sowie Finanzierung gegenwärtig grundverschieden.

B. *Verbesserung der Planung – Reform des Nahverkehrsplans*

Das Recht des öffentlichen Nahverkehrs ist unübersichtlich. Es leidet nicht nur darunter, dass neben Bundesregelungen (im PBefG sowie im Allgemeinen Eisenbahngesetz und dem Regionalisierungsgesetz) ÖPNV-Gesetze der Länder treten (vgl. § 8 III 9 PBefG). Hinzu kommt seine dreifache Verwurzelung: Im Personenbeförderungsgesetz findet sich historisch seine gewerberechtliche Wurzel wieder.[4] Das öffentliche Sicherheitsrecht war ursprünglich weniger relevant, solange die Verkehrsleistungen des ÖPNV vom Staat oder öffentlichen Unternehmen erbracht worden sind. In dem Maße, in dem sich hier zunehmend auch private Verkehrsunternehmen engagiert haben, hat sich ein Bedürfnis nach sicherheitsrechtlicher Regulierung ergeben. Die zweite Wurzel liegt darin, dass der ÖPNV angesichts

---

kehr als vor allem technische Herausforderung, wird sichergestellt, dass der verbleibende Endenergiebedarf des Verkehrs mit klimaneutralen Antriebsenergien gedeckt wird und dass diese Energien in motorisierten Fahrzeugen effizient und sparsam eingesetzt werden.

2 Vgl. dazu *C. Muschwitz / J. Riemann*, Intelligente öffentliche Mobilität im ländlichen Raum – von Skandinavien lernen!, in: Was bewegt uns (morgen?) - Heutige und künftige Mobilität auf dem Prüfstand, Informationen zur Raumentwicklung, Bundesinstitut für Bau-, Stadt- und Raumforschung (BBSR) im Bundesamt für Bauwesen und Raumordnung (BBR) (Hrsg.) (2015), 107 ff.; vgl. zur parallelen Diskussion im anglo-amerikanischen Raum (Begriff der Mobilitätsarmut mit weitem Mobilitätsbegriff und Bezug zu Stadtplanung): *M. Sheller* , Mobility Justice. The Politics of Movement in an Age of Extremes, 2018, S. 6 (the „mobility poor").

3 Vgl. dazu *Sigrid Karl*, Öffentlicher Verkehr im Gewährleistungsstaat. Der ÖPNV zwischen Regulierung und Wettbewerb, 2008, S. 165 ff.

4 Zum PBefG als klassisches Ordnungsrecht vgl. etwa *R. Wolf*, Umweltpolitische Handlungsempfehlungen für die Finanzierung des ÖPNV. Band B: Rechtliche Grundlagen für die Finanzierung des öffentlichen Nahverkehrs, Gutachten im Auftrag des Umweltbundesamtes, UBA Texte 29/03, 2003, S. 73 ff.

seiner Bedeutung für die Daseinsvorsorge einer planenden und lenkenden staatlichen Regulierung unterworfen worden ist. In deren Mittelpunkt steht die im Rahmen der 1996 in Kraft getretenen Bahnstrukturreform[5] im PBefG verankerte Nahverkehrsplanung (§ 8 III und IIIa PBefG).[6] Der Nahverkehrsplan dient der Festlegung von Umfang und Qualität des Verkehrsangebots, dessen Umweltqualität sowie von Vorgaben für eine verkehrsmittelübergreifende Integration der Verkehrsleistungen (§ 8 III 2 PBefG). Der regulative Ausgangspunkt für die hoheitliche Einflussnahme liegt neben staatlichen Angeboten in der Konkurrenz privater Verkehrsunternehmen um Linien. Staatliche Behörden wählen hier die im öffentlichen Verkehrsinteresse vorzugswürdigen Angebote aus und leisten im Rahmen einer Dienstleistungskonzession einen öffentlichen Kostendeckungsbeitrag. An dieser Stelle kommt die dritte wichtige Wurzel des öffentlichen Nahverkehrsrechts ins Spiel: das Wettbewerbsrecht. Dieses hat seine Grundlage im Wesentlichen im Unionsrecht und wird insbesondere durch die VO 1370/2007 konkretisiert. Das „Interesse an einer wirtschaftlichen Vertragsgestaltung“ (§ 8 IIIa 1 PBefG) wird unter Bezugnahme auf diese Verordnung in § 8 IV und § 8a PBefG ausgestaltet.

Im Mittelpunkt der Regulierung des ÖPNV stehen die Nahverkehrspläne (§ 8 III und IIIa PBefG).[7] Dieses Instrument der Bedarfsplanung soll darstellen, wie der öffentliche Nahverkehr zukünftig aussehen soll. Wie jeder Plan muss der Nahverkehrsplan dazu einen gegenwärtig gegebenen und einen zukünftig angestrebten Zustand (Planziele) beschreiben und dazu Planverwirklichungsmaßnahmen festlegen.[8] Insbesondere müssen dabei die Belange definiert werden, die im Rahmen des allgemeinen planungsrechtlichen Gebots der Abwägung zu berücksichtigen sind. Im Lichte der Rechtsprechung ist dabei zu beachten, dass sie lediglich an die bundesrechtlich im PBefG vorgesehenen Verkehrsformen und -arten anknüpfen und deren Genehmigungsfähigkeit nach den insoweit abschließenden bundesrechtlichen Vorschriften voraussetzen. Sie sind demnach weder dazu bestimmt noch geeignet, die bundesrechtlichen Genehmigungsvoraussetzungen zu modifizieren oder zu erweitern.[9] Dieser Umstand schränkt die gestaltende Kraft des Planungsinstruments Nahverkehrsplan drastisch

5 Vgl. dazu *Wolf* (Fn. 4), S. 25 ff. sowie zur parallel erfolgten Grundgesetzreform *Wolf* (Fn. 4), S. 44 ff.

6 Art. 6 I16 des Gesetzes zur Neuordnung des Eisenbahnwesens vom 27.12.1993, BGBl. I S. 2416 ff.

7 Vgl. dazu etwa *Wolf* (Fn. 4), S. 59 ff.

8 *Heinze/Fehling/Fiedler*, PBefG, 2. Aufl., 2014, Anm. 41 f. zu § 8 PBefG.

9 BVerwG, Urt. v. 12. 12. 2013-. 3 C 30.12, BVerwGE 148, 307, Rn. 28.

ein. Deshalb sollten Ausmaß und Umfang berücksichtigungsfähiger Verkehre und Bedienformen dringend erweitert werden (dazu unten C.).

Gegenwärtig sind die Anforderungen an den Inhalt von Nahverkehrsplänen bundesrechtlich nur sehr schwach normiert. So definiert der Aufgabenträger nach § 8 III 2 PBefG die Anforderungen an Umfang und Qualität des Verkehrsangebots, dessen Umweltqualität sowie die Vorgaben für die verkehrsmittelübergreifende Integration der Verkehrsleistungen; nach Satz 3 sind die Interessen von Personen mit Mobilitätsbeschränkungen zu berücksichtigen. Im Übrigen können die Länder weitere Einzelheiten in Bezug auf die Aufstellung und den Inhalt der Nahverkehrspläne regeln (S. 9), wovon sie in den jeweiligen Landes-ÖPNV-Gesetzen Gebrauch machen. Es spricht viel dafür, diese Vorgaben deutlich konkreter einheitlich durch Bundesrecht festzulegen.[10] Beispielsweise könnten so Umweltbelange verpflichtend in die Nahverkehrspläne integriert und damit in die darauf aufbauenden Abwägungen mit einbezogen werden. Weiter sollten Nahverkehrspläne Aussagen über die verkehrsmittelübergreifende Integration von Verkehrsleistungen enthalten. Zudem sollte bei der Festlegung des Angebots an Bedienformen etwa auch der Einsatz von Elektrofahrzeugen durch den Aufgabenträger auf Grund bundesgesetzlicher Kompetenzöffnung vorgeschrieben werden können.[11] Je detaillierter die Vorgaben des Nahverkehrsplans sind, desto stärker mutiert in der Folge die Berücksichtigungspflicht zu einer Beachtenspflicht.

Insbesondere ist der Nahverkehrsplan auch ein geeigneter Ort, um Maßnahmen im Sinne der Luftreinhaltepläne (§ 47 BImSchG) aufzugreifen; deren Vorgaben sind grundsätzlich für Behörden aller Träger der öffentlichen Verwaltung verbindlich, planerisch indes jedenfalls zu berücksichtigen (§ 47 VI BImSchG).[12] In mehreren Nahverkehrsplänen finden sich bereits Bezugnahmen auf die Luftreinhalteplanung.[13] Gegenwärtig liegen beide Arten von Plänen regelmäßig, aber nicht immer, bei denselben Behörden (Landkreise und kreisfreie Städte).

---

10 *H. Baumeister/F. Berschin*: Chancen für Mobilität und Umweltschutz durch On-Demand-Mobilty-Verkehre (1.); www.ikem.de/wp-content/uploads/2019/12/12.45_baumeister_berschin.pdf (27.06.2020).

11 *M. Zeil/F. Prinz zur Lippe*, GewArch 2018, 405 (405).

12 Vgl. die Regelung in § 47 Abs. 6 BImSchG und *Jarass*, in: Jarass, BImSchG Kommentar, 12. Aufl. 2017, § 47, Rn. 52 ff.

13 Etwa in Berlin (Umstellung im ÖPNV auf alternative Antriebe = Nahverkehrsplan Berlin 2019-2023, 27. Februar 2019, S. 203) und Münster (Reduzierung einer Busfrequenz = vgl. Luftreinhalteplan 2014, Stadtgebiet Münster, S. 49).

Nahverkehrspläne können – in Abgrenzung zum reinen Innenrecht – (zumindest mittelbar) Außenwirkung entfalten.[14] Voraussetzung ist, dass sich dies aus gesetzlichen Vorgaben ergibt.[15] Nach gegenwärtiger Rechtslage ist das jedoch nur sehr bedingt der Fall, da die Genehmigungsbehörde die Nahverkehrspläne gemäß § 8 IIIa 2 PBefG bei ihren Entscheidungen lediglich im Rahmen der Ermessensausübung zu berücksichtigen hat, nicht aber verpflichtend an ihre Vorgaben gebunden ist. Das insoweit bestehende Ermessen der Genehmigungsbehörde ist nur punktuell ausgeschlossen (gemäß § 13 II Nr. 3 lit. d PBefG, wenn eine einzelne ertragreiche Linie oder ein Teilnetz aus einem im Nahverkehrsplan festgelegten Linienbündel herausgelöst würde).[16] Rechtspolitisch sollte das Ausmaß der Verbindlichkeit vergrößert werden.

Eine weitere Einschränkung der Bedeutung der Nahverkehrsplanung ergibt sich aus dem Umstand, dass die Aufstellung und insbesondere das regelmäßige Aktualisieren der Pläne nicht verpflichtend sind; so erfolgen die Festlegungen durch den Aufgabenträger in einem Nahverkehrsplan gemäß § 8 III 2 PBefG nur „in der Regel". Dieses Planungsinstrument hat damit fakultativen Charakter.[17] Nach dem Vorbild von § 29 I MobG Berl[18] sollte das Aufstellen eines Nahverkehrsplans i.S.v. § 8 III PBefG verpflichtend sein.[19] Dies entspricht auch aus gutem Grund der ganz überwiegenden Praxis der Landesgesetzgeber (Ausnahme: Saarland) zum Recht des öffent-

---

14 *M. Brenner/T. Arnold*, NVwZ 2015, 385 (386).

15 Vgl. etwa BVerwG, Urt. v. 20.07.1990 - 4 N 3.88, DVBl 1990, 1352, zum Flächennutzungsplan sowie BayVGH, Beschl. v. 02.03.2020 – 22 AS 19.40035 <juris>, Rn. 104, zum Fehlen einer entsprechenden Norm in Bezug auf Planfeststellungsverfahren, die auf den Nahverkehrsplan verweisen würde.

16 Zu dieser Diskussion vgl. *Brenner/Arnold* (Fn. 14) S. 385 f.; vgl. jüngst auch VG Köln,Urt. v. 18.3.2019, 18 K 11690/16 <juris>, Rn. 46.

17 *Brenner/Arnold* (Fn. 14) S. 385.

18 Vorgängerin der Vorschrift im Rahmen des Berliner ÖPNV-Gesetzes (GVBl. vom 27.06.1995 S. 390; 17.05.1999 S. 178; 17.12.2003 S. 617; 19.06.2006 S. 576; 05.07.2018 S. 464, aufgehoben) ist § 5 I 1 ÖPNV-G Berlin, „Berlin stellt einen Nahverkehrsplan zur Sicherung und zur Verbesserung des öffentlichen Personennahverkehrs auf." Die aktuelle Fassung der Vorschrift ist § 29 I 1 MobG Berl (verkündet als Artikel 1 des Gesetzes zur Neuregelung gesetzlicher Vorschriften zur Mobilitätsgewährleistung vom 5. Juli 2018 (GVBl. S. 464)): „Der Aufgabenträger stellt einen Nahverkehrsplan für den öffentlichen Personennahverkehr auf."

19 *S. Gelbhaar /B. Müller-Gemmeke* et.al.: Mobilitätsdienste zu einem Faktor der Verkehrswende in Stadt und Land entwickeln – Autorenpapier der Bundestagsfraktion Bündnis 90/Die Grünen vom 2.7.2019, abrufbar unter: https://www.gruene-bundestag.de/fileadmin/media/gruenebundestag_de/themen_az/mobilitaet/pdf/Autorenpapier_Personenbefoerderung.pdf (16.03.2020). unter C.

lichen Nahverkehrs.[20] Vor diesem Hintergrund ist es nicht (mehr) überzeugend, dass eine entsprechende Gestaltungspflicht nicht bundesweit allgemein gilt. Dies wäre vor allem auch deshalb wichtig, weil den Aufgabenträgern Entscheidungsspielraum zugestanden werden sollte, welche Bedienformen in den öffentlichen Personennahverkehr integriert werden, auch mit der Konsequenz entsprechender Finanzierungsmöglichkeiten.[21] Der Nahverkehrsplan sollte insoweit auch Festlegungen zu Carsharing-Angeboten enthalten.[22] Aus verfassungsrechtlicher Sicht kommt der Nahverkehrsplanung zudem dadurch eine besondere Bedeutung zu, dass es in diesem Rahmen im Ermessen der Landkreise und Gemeinden steht, inwieweit die Rechtfertigung von Eingriffen in die Berufsfreiheit abstrakt-generell näher ausgestaltet wird. Der Nahverkehrsplan ist mithin ein wichtiges Instrument, um die Vorstellungen für einen zukünftigen Personennahverkehr in der jeweiligen Region zu konkretisieren und festzuschreiben.[23]

---

20 Das Aufstellen des Nahverkehrsplans ist im Landesrecht überwiegend bereits verpflichtend, die Fortschreibung dagegen nur teilweise. Belange der Umwelt, Sozialstandards, die Berücksichtigung auch von Fuß- und Radverkehr sowie inter-/multimodale Verknüpfungen sind dagegen in einem kleineren Teil der Landesgesetze explizit normiert: § 11 I ÖPNV-G BW eine „weisungsfreie Pflichtaufgabe"; § 13 I S. 1 BayÖPNVG – „Kann-Bestimmung"; Berlin: „stellt auf" (= verpflichtend); § 7 I ÖPNV-G BB: „stellt auf" (Landesnahverkehrsplan für Schiene und Straße, m.E. Erstellung verpflichtend, Fortschreibung Soll-Vorschrift, vgl. § 7 VI ÖPNV-G BB); § 8 I 1 BremÖPNVG: die Aufgabenträger … „haben aufzustellen" (= verpflichtend); § 14 I, II ÖPNVG HE: Nahverkehrspläne werden…erstellt (= verpflichtend); §§ 6 I 1 (für das Land), 7 I 1 (für Aufgabenträger im Rahmen regionaler Planung) ÖPNVG-MV: „haben…aufzustellen" (= verpflichtend); § 1 I NNVG: „stellen auf" (= verpflichtend); § 8 I ÖPNVG NRW: „stellen auf" (= verpflichtend); § 8 I NVG RP: „soll…aufstellen"; § 11 I ÖPNV-G SL: haben…aufzustellen (= verpflichtend); § 5 I ÖPNVG-SN: „haben…aufzustellen, zu beschließen und fortzuschreiben" (= verpflichtend); § 6 I ÖPNVG-LSA: „beschließt und veröffentlicht" (= verpflichtend); § 4 I 1 ÖPNVG SH: Landes-NVP als Kann-Bestimmung; § 5 I ÖPNVG SH: Regionale NVP als Kann-Bestimmung; § 5 I 1 ThürÖPNVG: „haben…aufzustellen" (= verpflichtend).

21 In diese Richtung auch *M. Faber*, IR 2019, 122 (126).

22 Sachverständigenrat für Umweltfragen (SRU), Sondergutachten, Umsteuern erforderlich: Klimaschutz im Verkehrssektor, Sondergutachten, 2017, Rn. 303, abrufbar: https://www.umweltrat.de/SharedDocs/Downloads/DE/02_Sondergutachten/2016_2020/2017_11_SG_Klimaschutz_im_Verkehrssektor.pdf?__blob=publicationFile&v=25 (29.06.2020).

23 BMVI-Online-Publikation Nr. 04/2016, S. 66, abrufbar: http://www.modellvorhaben-versorgung-mobilitaet.de/fileadmin/files/Literatur/bmvi-online-04-16-dl.pdf (28.06.2020).

C. *Erweiterung des Angebots, insbesondere durch flexible Bedienformen*

Das Verkehrsangebot des ÖPNV erschöpfte sich über lange Zeit praktisch im Linienverkehr. Für den ländlichen Raum hatte dies dramatische Folgen, da angesichts der schwachen Nachfrage und der Bemessung der staatlichen Finanzierung anhand der Auslastung (vgl. „Kieler Schlüssel") das Angebot verringert wurde, bis es teilweise nur noch aus dem Rudiment des Schülerverkehrs bestand.[24] Diese Abwärtsspirale wurde durch den Umstand begünstigt, dass die Linienführung (der Busse) extrem mäandernd war, um möglichst viele Personen anzuschließen, dabei aber auch entsprechend unattraktiv wurde.[25]

Gestützt auf die Experimentierklausel des § 2 VII PBefG sowie die Flexibilitätsklausel des § 2 VI PBefG wurde in der Praxis der letzten Jahre der Versuch unternommen, dieses enge und starre Angebot durch sog. „flexible Bedienformen" zu ergänzen.[26] Unter diesem Begriff wird eine Reihe von ÖPNV-Konzepten zusammengefasst, die sich durch Abweichungen von den Merkmalen des klassischen Linienverkehrs mit festen Fahrstrecken und Haltestellen sowie festgelegtem Fahrplan (unabhängig vom aktuellen Bedarf) charakterisieren lassen. Eine rechtsverbindliche Definition der „flexiblen Bedienformen"[27] findet sich im Personenbeförderungsrecht nicht.[28] Die Flexibilität der „klassischen Bedienformen" drückt sich sowohl in räumlicher als auch in zeitlicher Hinsicht auf verschiedene Weise aus. Räumlich entsteht Flexibilität durch die unterschiedlichen Verbindungen zwischen Quell- und Zielort sowie die Zu- und Ausstiegsoptionen der Fahrgäste. Zeitlich können die Bedienformen mit und ohne Bindung an einen Fahrplan verkehren. Durch die Kombinationsmöglichkeiten

---

24 *S. Jenssen*, Der öffentliche Personennahverkehr als Rechtsbegriff: Dimensionen einer Neugestaltung unter besonderer Berücksichtigung des ländlichen Raums, 2015, S. 68 ff.

25 Für eine Problembeschreibung: BMVI-Online-Publikation Nr. 04/2016 (Fn. 23), S. 4 ff.; SRU (Fn. 22), Rn. 291 f.

26 Vgl. dazu etwa *M. Kment* NVwZ 2020, 366 (367 f.) und *Faber* (Fn. 21) S. 124 f.

27 Auch als „atypische", „alternative" oder „bedarfsgerechte" Bedienformen bezeichnet.

28 UBA (94/2019), Rechtliche Hemmnisse und Innovationen für eine nachhaltige Mobilität – untersucht an Beispielen des Straßenverkehrs und des öffentlichen Personennahverkehrs in Räumen schwacher Nachfrage, 260 f., abrufbar: https://www.umweltbundesamt.de/sites/default/files/medien/1410/publikationen/2019-08-20_texte_94-2019_rechtsinnmobil_1-teilbericht-recht-innovation_0.pdf (28.06.2020).

räumlicher und zeitlicher Merkmale ergeben sich verschiedene Bedienformen.[29]

Die flexiblen Instrumente des PBefG erwiesen sich aber nicht als ausreichend, um diesen Reformweg zu organisieren. Dem stand insbesondere die enge Befristung auf vier Jahre in der Experimentierklausel des § 2 VII PBefG entgegen.[30] Die Flexibilitätsklausel des § 2 VI PBefG erwies sich dagegen mit ihrem rückwärtsgewandten Blick als tendenziell innovationshemmend.[31] Es wäre daher wünschenswert, wenn sich der Gesetzgeber bei einer Neuregelung des PBefG auf dessen sicherheitsrechtliche Historie besinnen würde.[32] Das PBefG wäre damit das Gesetz, das neue Bedienformen nicht von vornherein ausschließen, sondern vielmehr einen angemessenen Sicherheitsstandard für den Fall ihrer Implementation vorsehen sollte. Gleichwohl sollten die zulassungsfähigen Verkehre weiter nach einer Systematisierung geordnet werden, die es ermöglichen würde, bestimmte Zulassungsfragen zu bündeln. Sehr hilfreich ist in diesem Zusammenhang der Vorschlag, dafür neben dem (klassischen) Linienverkehr (I.) „öffentliche Bedarfsverkehre" (II.) sowie „private Anmietverkehre" (III.) vorzusehen.[33] Daneben sollte weiterhin eine fort zu entwickelnde Experimentierklausel vorgesehen werden (IV.). Mit der Novelle des Personenbeförderungsgesetzes vom 16. April 2021 ist der Gesetzgeber nunmehr zumindest der Forderung nach einer Erweiterung und Flexibilisierung möglicher Verkehrsleistungen nachgekommen.

I. Linienverkehr

Schon bisher konnte Linienverkehr (§ 2 VI Nr. 3 i.V.m. § 42 PBefG) in einem sehr weiten Umfang zugelassen werden,[34] denn die enge Definition des § 42 S. 1 PBefG („Linienverkehr ist eine zwischen bestimmten Ausgangs- und Endpunkten eingerichtete regelmäßige Verkehrsverbindung, auf der Fahrgäste an bestimmten Haltestellen ein- und aussteigen kön-

29 UBA (Fn. 28), 261 ff., mit einem guten Überblick zu flexiblen Bedienformen auf S. 263 f.

30 *Kment* (Fn. 26) S. 367.

31 *Kment* (Fn. 26) S. 367 f.

32 *Heinze/Fehling/Fiedler* (Fn. 8) dazu mit der Bezeichnung: „Gewerbeordnung des Verkehrs".

33 *Baumeister/Berschin* (Fn. 10), (2. und 3.); vgl. auch SRU (Fn. 22), Rn. 303.

34 Teilweise unter (zu) weiter Dehnung des Tatbestandes unter Annahme „virtueller Haltestellen", so etwa in Bezug auf „CleverShuttle" und teilweise Moia.

nen") ist im Lichte des § 2 VI PBefG zu sehen. Soweit eine Beförderung nach den einzelnen Typen nicht möglich ist, kann danach eine Genehmigung im Fall einer Beförderung, die nicht allen Merkmale einer Verkehrsart oder -form entspricht, nach denjenigen Vorschriften des PBefG erteilt werden, denen diese Beförderung am meisten entspricht, soweit öffentliche Verkehrsinteressen nicht entgegenstehen. Damit hat sich ein weites Feld atypischer Linienverkehre herausgebildet.[35]

Vor diesem Hintergrund ist zu erwägen, ob der Gesetzgeber nicht gleich den Begriff des Linienverkehrs erweitern sollte, etwa auf sog. „Bedarfsflächenverkehre".[36] In Orientierung an die gegenwärtig bereits anerkannte Verkehrsform der Taxis sind darunter Verkehrsangebote zu verstehen, die innerhalb eines bestimmten Gebietes „Tür-zu-Tür-Verkehre" bereithalten. Dagegen spricht jedoch die Überlegung, dass ein klassischer Linienverkehr als Rückgrat des öffentlichen Nahverkehrs erhalten und einem eigenständigen Zulassungs- und Finanzierungsregime unterworfen bleiben sollte.[37]

II. Öffentliche Bedarfsverkehre

Die Kategorie „öffentliche Bedarfsverkehre" würde dazu dienen, gemeinsam mit den Linienverkehren den Bereich des öffentlich finanzierten Nahverkehrs zu umschreiben und ihn zugleich von privaten Verkehrsdiensten („privaten Anmietverkehren", vgl. unten III.) abzugrenzen. Hierunter fallen der klassische Taxiverkehr sowie gebündelte Bedarfsflächenverkehre (etwa Bürgerbusse bzw. -autos). Diese Ergänzung um flexible Bedienformen müsste auch in § 8 I PBefG Berücksichtigung finden und zu einem neuen Begriff des Öffentlichen Nahverkehrs führen.[38] Dieser Forderung ist der Gesetzgeber mit § 44 PBefG 2021 insoweit nachgekommen, als er die Kategorie des klassischen Linienverkehrs um einen „Linienbedarfsverkehr"

---

35 Vgl. dazu *Zeil/Prinz zur Lippe* (Fn. 11), S. 407; BMVI-Online-Publikation Nr. 04/2016 (Fn. 23), S. 74 ff., S. 90 ff.; allerdings konnten auf diese Weise auch viele Formen des Zubringerverkehrs oder des multifunktionalen Verkehrs nicht in das bestehende System integriert werden, vgl. dazu BMVI-Online-Publikation Nr. 04/2016 (Fn. 23), S. 85 ff.

36 Vgl. dazu UBA (94/2019) (Fn. 28), S. 278 ff.; *T. Haack/I. Dathe*, ZRP 2019, 81 (84), schlagen vor, im Abschnitt „Linienverkehr mit Kraftfahrzeugen" einen eigenen Paragraphen für die Genehmigung von „Ride-Pooling-Diensten" als atypischem Linienverkehr aufzunehmen.

37 So im Ergebnis auch UBA (94/2019) (Fn. 28).

38 Vgl. dazu UBA (94/2019) (Fn. 28), S. 291 f.

erweitert hat (Satz 1 lautet: „Als Linienverkehr gemäß § 42, der öffentlicher Personennahverkehr gemäß § 8 Absatz 1 ist, gilt auch der Verkehr, der der Beförderung von Fahrgästen auf vorherige Bestellung ohne festen Linienweg zwischen bestimmten Einstiegs- und Ausstiegspunkten innerhalb eines festgelegten Gebietes und festgelegter Bedienzeiten dient (Linienbedarfsverkehr).“).

Im Mittelpunkt stünde dabei die Überlegung, dass diese öffentlichen Verkehre auch zukünftig mehr oder weniger weitgehend einer Betriebs-, Beförderungs- und Tarifpflicht unterworfen werden könnten. Zudem könnten diese Verkehre in Nahverkehrspläne aufgenommen werden mit der Folge, dass der Staat Finanzierungsdefizite übernimmt.

Hieran anschließend müsste in diesem Zusammenhang auch die Funktion von Taxis geschärft werden. Insbesondere sollten die Mengenregulierung sowie die Preisregulierung aufgehoben werden, wobei sicherzustellen ist, dass der Schutzzweck des § 13 IV PBefG – die Aufrechterhaltung eines funktionsfähigen Taxigewerbes – dennoch sichergestellt wird. Das sog. „Hamburger Modell“ zeigt, wie das etwa durch intensivere Kontrollen erreicht werden könnte.[39] Die Kommunen könnten insoweit individuell darüber bestimmen, ob eine mengenmäßige Beschränkung der Konzessionen das geeignetste Mittel darstellt, um den Gesetzeszweck zu erreichen. Parallel könnte auch die Tarifregulierung zumindest gelockert werden.[40] In diesem Sinne eröffnet jetzt § 51 I 2 PBefG 2021 für den sog. Bestellverkehr die Möglichkeit einer Flexibilisierung im Sinne von „Tarifkorridoren“ (mit Mindest- und Höchstpreisen).

III. Private Anmietverkehre

In dieser Kategorie spielen nach wie vor Mietwagen und -omnibusse, Ausflugsfahrten und Reisebusse eine zentrale Rolle.

Andere Angebote wie Rideselling (z.B. UberPOP oder UberBlack), Ridesharing oder Ridepooling (z.B. CleverShuttle oder UberPool)[41] könnten an dieser Stelle ebenfalls aus sicherheitsrechtlicher Perspektive reguliert

39 IKEM „Digitale Mobilitätsplattformen - Studie zur rechtlichen Weiterentwicklung des Personenbeförderungsrechts unter besonderer Berücksichtigung digitaler Mobilitätsplattformen“, S. 125 ff. und 131 ff, abrufbar: https://www.ikem.de/wp-content/uploads/2019/08/201712_Studie_Digitale-Mobilita%CC%88tsplattformen.pdf (28.06.2020).

40 *Kment* (Fn. 26), S. 369.

41 Vgl. dazu UBA (94/2019) (Fn. 28), S. 286 ff.

werden.[42] Allerdings ist zu überlegen, dass eine Genehmigungspflicht in Bezug auf evtl. nur gelegentlich Fahrgäste aufnehmende private (oder gewerbliche) Fahrzeuge einen kaum zu rechtfertigenden Aufwand für Genehmigungsbehörden und Fahrer darstellen würde. Zudem blieben damit die Mobilitätsplattformen unreguliert, ohne die ihr Betrieb nicht denkbar wäre.[43] Sie könnten und sollten daher getrennt und anders reguliert werden (dazu unten IV.).

Der Bundesgesetzgeber hat sich mit § 50 PBefG 2021 entschieden, gebündelte Bedarfsverkehre – ausschließlich auf vorherige Bestellung – unter engen Voraussetzungen zuzulassen. Sie unterliegen einer Genehmigungspflicht und müssen sich vom Taxengewerbe deutlich unterscheiden. Zudem können von der Genehmigungsbehörde zeitliche und räumliche Einschränkungen sowie – im Interesse von Effizienz und Klimaschutz – eine bestimmte „Bündelungsquote" festgelegt werden. Damit hält der Gesetzgeber an der Tradition fest, Mobilitäts- und Sicherheitsinteressen im Personenbeförderungsrecht zu verquicken.

IV. Mobilitätsplattformen mit Befördererfunktion

Unter Mobilitätsplattformen mit Befördererfunktion werden vorliegend (in der Regel digitale) Mobilitätsplattformen verstanden, die sich nicht auf die reine Vermittlung von Beförderungsleistungen beschränken (Mobilitätsplattformen mit Informations- und Koordinationsfunktion, dazu unten V.). Vielmehr treten sie selbst als Vertragspartner gegenüber dem Fahrgast auf und gerieren sich nach außen als Beförderer. Sie haben damit erheblichen Einfluss auf die Beförderungsbedingungen (insbesondere Fahrpreise, Bezahlungsmodalitäten, Sicherheitsstandards) sowie die verkehrserbringenden Fahrer.[44] Diese Systeme (über Mobilitätsplattformen organisierte Fahrer) haben nach der Rechtsprechung des Europäischen Gerichtshofs überwiegend eine Verkehrsfunktion (jenseits der Dienstleistungsfunktion).[45] Es liegt daher nahe, die Plattformbetreiber als Unternehmer anzusehen, die einer Genehmigung nach dem PBefG bedürfen.[46] Dies hat der Ge-

---

42 So etwa *Faber* (Fn. 21), S. 124.

43 Vgl. dazu IKEM (Fn. 39), S. 153 ff.

44 Vgl. dazu IKEM (Fn. 39), S. 144 ff.

45 EuGH, Urt. vom v. 10.12.2017, Rs. C-434/15, Elite-Taxi, Rn. 38 f.

46 *Baumeister/Berschin* (Fn. 10), (4.); Eckpunktepapier BMVI für eine Novellierung des Personenbeförderungsrechts (Februar 2019), unter a), abrufbar: https://www.bzp.org/Content/MELDUNGEN/_doc/PBefG-Eckpunkte.PDF (29.06.2020).

setzgeber nunmehr in § 1 Ia PBefG auch ausdrücklich anerkannt; danach liegt eine Beförderung im Sinne des Gesetzes auch dann vor, wenn die Vermittlung und Durchführung der Beförderung organisatorisch und vertraglich verantwortlich kontrolliert wird.

Dabei hat sich der Gesetzgeber dagegen entschieden, hierfür spezifische Genehmigungsvoraussetzungen zu normieren. Dies hätte aber nahe gelegen, weil so spezifische Anforderungen an die Plattform selbst und das Verhältnis von Plattformbetreiber und Fahrer hätten geklärt werden können. Dagegen wäre es lediglich eine gesetzgebungstechnische Frage, ob man sie in die Vorschrift über private Anmietverkehre (oben III.) integriert oder dafür eine eigenständige Vorschrift schafft.[47]

Zumindest denkbar wäre es, die Angebote der Mobilitätsplattformen in den ÖPNV zu integrieren.[48] Auf dieser Grundlage könnten die Kommunen als Aufgabenträger die Möglichkeit erhalten, entsprechende Beförderungsdienstleistungen unter bestimmten Voraussetzungen in den Nahverkehrsplan aufzunehmen.

V. Mobilitätsplattformen mit Informations- und Koordinationsfunktion

Von Mobilitätsplattformen mit Befördererfunktion sind Mobilitätsplattformen mit Informations- und Koordinationsfunktion (Vermittlungsplattformen) zu unterscheiden. Das sind virtuelle Einrichtungen, die Informationen und Dienstleistungen im Zusammenhang mit persönlicher Mobilität vorhalten und dabei alle verfügbaren Mobilitätsformen kombinieren.[49]

Hier stellen sich zunächst Fragen der Datensicherheit und -verlässlichkeit sowie Fragen des (freien) Datenzugangs. In Umsetzung europarechtlicher Vorgaben hat der Bundesgesetzgeber dafür Regelungen in §§ 3a ff. PBefG 2021 geschaffen. Diese sehen vor, dass statische und dynamische Mobilitätsdaten möglichst umfangreich an den nationalen Zugangspunkt zu übermitteln sind, der sie bearbeitet und auf Anfrage an Dritte herausgibt.

Auch in diesem Punkt hätte der Gesetzgeber weiter gehen können. Auch Mobilitätsplattformen mit Informations- und Koordinationsfunkti-

---

47 So etwa *Kment* (Fn. 26) S. 368 f.

48 UBA (94/2019) (Fn. 28), S. 281 ff.

49 *M. Ellner/F. Pfeifer/O. Schumacher*, ZUR 2019, 137 (138), in Anknüpfung an *Franke* (2018): Pre-Study of Mobility Centre Models“ v. 26.06.2018, abrufbar: https://www.mambaproject.eu/wp-content/uploads/2018/09/Report_Mobility-Centre_GoA_2.3.pdf (28.06.2020).

on haben sicherheitsrechtliche Relevanz, soweit sie die Angebote von mehr als einem Anbieter integrieren. Nach dem Vorbild des finnischen „Act on Transport Services“[50] sollten hier klare Qualitätsstandards gesetzt werden. Insbesondere betrifft die Frage der Zuverlässigkeit und Richtigkeit der Daten öffentliche Verkehrsinteressen. Schon de lege lata lässt sich zumindest eine Pflicht der Aufgabenträger begründen, bei der Aufstellung von Nahverkehrsplänen die Organisation von Mobilitätsplattformen zumindest zu berücksichtigen.[51] Darüber hinaus sollten die Kommunen als Aufgabenträger die Möglichkeit erhalten, bestimmte Mobilitätsplattformen mit einem Monopol auszustatten und auf Inhalt und Struktur Einfluss zu nehmen; sie sollten entsprechend auch im staatlichen (kommunalen) Betrieb angeboten werden können. Dies muss natürlich aus wettbewerblichen Gründen diskriminierungsfrei erfolgen. Es stellt jedoch einen gebotenen Differenzierungsgrund dar, sich auf diejenigen privaten Angebote zu fokussieren, die den öffentlichen Personennahverkehr sinnvoll ergänzen.[52] Dafür können und sollen den privaten Anbietern auch Voraussetzungen und Bedingungen aufgezeigt werden; dies sollte im Nahverkehrsplan angelegt sein.

D. Reform der Finanzierung des öffentlichen Nahverkehrs

Ein neuer Rechtsrahmen für den ÖPNV in der Verkehrswende umfasst auch Fragen der Finanzierung.[53] Einerseits hängt die Erreichung der Planungsziele davon ab, dass dafür ausreichend Finanzmittel zur Verfügung stehen. Andererseits haben die diversen Finanzierungsinstrumente neben Finanzierungs- auch Gestaltungswirkungen, so dass Finanzierungsfragen immer auch Sachfragen sind.

In Bezug auf die Finanzierung des öffentlichen Personennahverkehrs werden auch in Zukunft öffentliche Zuschüsse eine zentrale Rolle spielen, und zwar sowohl in Form von allgemeinen staatlichen Zuschüssen, aber auch auf Basis des Veranlasserprinzips (gegenwärtig etwa § 45a PBefG für

---

50 Part III Chapter 2, abrufbar: https://www.finlex.fi/en/laki/kaannokset/2017/en20170320_20180731.pdf (29.06.2020)

51 *Ellner/Pfeifer/Schumacher* (Fn. 49), S. 139 ff.

52 IKEM (Fn. 39), S. 105 f.

53 Vgl. dazu etwa *G. Waluga*, Das Bürgerticket für den öffentlichen Personennahverkehr. Nutzen – Kosten – Klimaschutz, 2017, S. 252 ff.

den Schülerverkehr[54] und §§ 228 ff. SGB IX für die Beförderung von Schwerbehinderten[55]).[56]

Nach wie vor spielen die Einnahmen durch Fahrgäste eine tragende Rolle für die Finanzierung des Öffentlichen Personennahverkehrs. Der Kostendeckungsgrad beträgt je nach Berechnungsart knapp 40 %[57] bis etwa 75 %[58]. Die Ergebnisse fallen dann niedrig aus, wenn alle staatlichen Zuschüsse für Investitionen in die Mobilität von Schülern und Menschen mit Behinderungen sowie indirekte Subventionen durch Abgaben- und Steuervergünstigungen (z.B. vergünstigter Umsatzsteuersatz) einbezogen werden.

Gegenwärtig wird im Rahmen der Diskussion über eine Revitalisierung des öffentlichen Nahverkehrs zu Zwecken des Klimaschutzes und einer Verbesserung der Daseinsvorsorge erneut intensiv über eine Reform der Finanzierung des ÖPNV diskutiert. Standen in den 60er und 70er Jahren „Nulltarife" im Fokus,[59] flammte die Diskussion in den 90er Jahren aus umweltpolitischen Gründen mit Modellen zu Nahverkehrsabgaben wieder auf.[60] Die heutige Debatte ist sehr viel breiter angelegt und umfasst neben vereinzelten steuerlichen Reformvorschlägen[61] vor allem Überlegungen zum sogenannten „Bürgerticket", zu verschiedenen Formen privater Drittfinanzierung wie Arbeitgeber-, Einzelhandels- oder Veranstalterbeiträge sowie zur Einführung einer City-Maut. Den nicht-steuerlichen Finanzie-

54 Vgl. dazu BMVI-Online-Publikation Nr. 04/2016 (Fn. 23), S. 79 f.

55 Vgl. dazu BMVI-Online-Publikation Nr. 04/2016 (Fn. 23), S. 80 f.

56 Für einen Gesamtüberblick vgl. etwa *D. Gruber*, Die ÖPNV-Abgabe. Rechtliche Möglichkeiten und Grenzen einer Umlagefinanzierung des Öffentlichen Personennahverkehrs, 2018, S. 64 ff., BMVI-Online-Publikation Nr. 04/2016 (Fn. 23), S. 78 ff.

57 Hamburg Institut, Grundlagenuntersuchung „Instrumente zur Drittnutzerfinanzierung für den ÖPNV in Baden-Württemberg, Studie im Auftrag des Ministeriums für Verkehr Baden-Württemberg – Endbericht vom 18.10.2016, S. 9: 37%; *Waluga* (Fn. 53), S. 26, https://vm.baden-wuerttemberg.de/fileadmin/redaktion/m-mvi/intern/Dateien/PDF/OEPNV_Grundlagenuntersuchung_Instrumente_Drittnutzerfinanzierung_BW.pdf (29.06.2020).

58 VDV, Statistik 2018, Tab. 45, abrufbar: https://www.vdv.de/vdv-statistik-2018.pdfx (29.06.2020).

59 Hamburg Institut (Fn. 57), S. 22.

60 Hamburg Institut (Fn. 57), S. 22.

61 Vgl. etwa die Überlegungen zur Anpassung der Grundsteuerbemessung in: Enquetekommission NRW (2017), Landtag Nordrhein-Westfalen Drs. 16/13950 vom 23.1.2017, S. 121, abrufbar: https://www.landtag.nrw.de/portal/WWW/dokumentenarchiv/Dokument/MMPB16-134.html (29.06.2020).

rungsformen ist dabei gemeinsam, dass sie die individuell-konkrete Leistungs-Gegenleistungs-Beziehung mehr oder weniger stark modifizieren.[62]

I. Kostengünstigerer oder kostenloser Nahverkehr?

Zunehmend lauter wird die Forderung nach einer stärkeren staatlichen Finanzierung des Angebots, bis hin zu kostenlosen Angeboten von Nahverkehrsleistungen. Im Falle einer komplett unentgeltlichen Benutzung des Nahverkehrs spricht man auch vom „Nulltarif".[63] Mit staatlich finanzierten Nulltarifen würde die Praxis der gruppenbezogenen Nulltarife (Schüler, Schwerbehinderte) auf die Allgemeinheit erweitert.[64] Dazu laufen gegenwärtig viele Feldversuche.[65]

Da dies aus juristischer Sicht relativ unproblematisch ist, handelt es sich hierbei eher um eine politische Frage. In Literatur und Praxis werden allgemeine Nulltarife äußerst kontrovers diskutiert.[66] Der positive Effekt einer deutlichen Nachfragesteigerung (um 20 - 30%) ist mit etlichen unerwünschten Verlagerungswirkungen (vom Fuß- und Radverkehr) und der Schaffung neuer Verkehre verbunden. Das könnte insbesondere das Problem der Überlastung zu Hauptverkehrszeiten verschärfen.[67] Neben der Effektivität (in Bezug auf Klimaschutzziele) lässt sich angesichts der enormen Kosten dieser Maßnahme gerade auch die Effizienz hinterfragen, ist sie doch mit erheblichen Mitnahmeeffekten verbunden. Zudem würde der Staat so auf die Steuerungselemente verzichten, die mit den verschiedenen Finanzierungsinstrumenten verbunden sind.[68]

II. Erweiterung der Finanzierungsbasis auf private Dritte

Etwas anders gelagert ist die Frage, ob nicht das Prinzip einer gegenleistungsabhängigen Fahrgastfinanzierung durch andere Formen privater Fi-

62 Für einen Überblick vgl. etwa Hamburg Institut (Fn. 57), S. 23 ff.
63 *Waluga* (Fn. 53), S. 113 ff.
64 Vgl. dazu *Waluga* (Fn. 53), S. 117 ff.
65 Zu praktischen Erfahrungen: *Gruber* (Fn. 56), S. 139 ff.; *Waluga* (Fn. 53), S. 118 ff.
66 *Waluga* (Fn. 53), S. 118 ff.
67 Enquetekommission NRW (Fn. 61), S. 104.
68 Enquetekommission NRW (Fn. 61), S. 105 f.

nanzierung erweitert oder ersetzt werden sollte.[69] Auch dadurch würde der Preis für die konkrete individuelle Inanspruchnahme von Verkehrsleistungen sinken. Im Folgenden werden Formen der Finanzierung im erweiterten Eigennutzungsinteresse (Bürger insgesamt, Grundstückseigentümer, Touristen) von Formen der Drittfinanzierung unterschieden, die an Verantwortlichkeiten für den Mobilitätsbedarf Dritter anknüpfen (Arbeitgeber, Einzelhandel, Großveranstalter).

1. *Finanzierung im erweiterten Eigennutzungsinteresse (Bürger, Grundstückseigentümer, Touristen)*

Vorläufer hiervon sind verschiedene Modelle einer rechtlich verpflichtenden Umlagefinanzierung („Solidarmodelle")[70] wie Semestertickets[71], Jobtickets[72], Mietertickets[73] oder Arbeitnehmerbeiträge[74]. Sie teilen mit dem Nulltarif die Verhaltensanstöße in Richtung einer Benutzung öffentlicher Verkehrsmittel,[75] vermeiden aber die enormen Kosten für die öffentliche Hand.

Wie im Fall des Nulltarifs, wird auch hier gegenwärtig über eine Erweiterung und Verallgemeinerung in Form des sog. „Bürgertickets" diskutiert.[76] Dieses stellt eine Variante der Beitragsfinanzierung dar. Dahinter steht die Überlegung, dass die Einwohner in Form einer Beitragspflicht an den öffentlichen Nahverkehr angebunden werden sollten, da grundsätzlich jeder Verkehrsleistungen benötigt.[77] Für Gäste könnten ergänzende

---

69 Für einen Überblick zu verschiedenen Varianten einer Drittfinanzierung vgl. *Waluga* (Fn. 53), S. 266 f.

70 Dazu *Waluga* (Fn. 53), S. 96 ff.; Enquetekommission NRW (Fn. 61), S. 90 ff.

71 Vgl. dazu *Gruber* (Fn. 56), S. 193 ff.; *Waluga* (Fn. 53), S. 97 ff.

72 Hamburg Institut (Fn. 57), S. 69 ff.

73 Hamburg Institut (Fn. 57), S. 19.

74 Hamburg Institut (Fn. 57), S. 63 ff.

75 Vgl. dazu Enquetekommission NRW (Fn. 61), S. 102 ff.; *Waluga* (Fn. 53), S. 41 ff. aus einer rational-choice Perspektive.

76 Erstmals: *P. Bohley* (1973) mit der Bezeichnung „beitragsfinanzierter Nulltarif" in: Der Nulltarif im Nahverkehr, Kyklos 26, 1973, 113 f.; zu aktuellen Vorschlägen des Bürgertickets vgl. Hamburg Institut (Fn. 57), S. 50 ff.; Piratenfraktion im AGH Bln (Hrsg.), Hamburg Institut, Fahrscheinlos – Grundlagen- und Machbarkeitsstudie Fahrscheinloser ÖPNV in Berlin, 2015, S. 49 f.; *Waluga* (Fn. 53), S. 34 mit einem Literaturüberblick, S. 88 ff. zu Wirkungen, S. 201 ff. zu Ausgestaltungsfragen sowie S. 274 ff. zu juristischen Argumenten.

77 Zur rechtlichen Ausgestaltung einer solchen Beitragspflicht vgl. *Gruber* (Fn. 56), S. 225 ff.

Finanzierungsmodelle entwickelt werden (z.B. ähnlich einer „Kurtaxe").[78] Es stünde dem Einzelnen dann frei, von seinem „Bürgerticket" keinen Gebrauch zu machen und stattdessen mit dem Auto zu fahren.

Das „Bürgerticket wirft jedoch nicht unerhebliche verfassungsrechtliche Risiken auf. Als Sonderabgabe kann es schon deshalb nicht ausgestaltet werden, weil die Bürger keine homogene Gruppe bilden.[79] Eine Gebühr scheidet wegen fehlender individueller Zurechenbarkeit aus, selbst wenn man einen sehr weiten Gebührenbegriff zu Grunde legt (Veranlassung von Kosten). Am ehesten ist das Bürgerticket im Rahmen des Beitragsrechts denkbar. Es ist jedoch fraglich, ob der Nexus zwischen individueller Nutzung bzw. individuellem Vorteil und der Beitragspflicht so weit gelockert werden kann. Im Falle des Rundfunkbeitrags konnte dies noch unter Verweis auf die verfassungsrechtliche Fundierung dieser Einrichtung bejaht werden.[80] Dieses Argument kann auf ein „Bürgerticket" jedoch nicht ohne weiteres übertragen werden. Zudem spricht gegen eine solche Analogie, dass – anders als beim Rundfunk – die realistische Möglichkeit für den Großteil der betroffenen Bürger zur grundsätzlich gleichwertigen Nutzung von öffentlichen Verkehrsleistungen, etwa mit Blick auf bestehende Unterschiede in der Anbindungsqualität innerhalb eines ÖPNV-Netzes, regelmäßig nicht bestehen dürfte.[81] Der alternative Begründungsansatz über eine im Rahmen eines Anschluss- und Benutzungszwangs erhobene Gebühr scheitert indes daran, dass der die Gebühr rechtfertigende Zusammenhang zwischen individuell zurechenbarer öffentlicher Leistung und Gebührenpflicht[82] bei einem Bürgerticket nicht bestünde. Dann müsste, anders als bei bestehenden gebührenunterlegten Anschluss- und Benutzungszwängen wie etwa in der kommunalen Abfallwirtschaft, nicht mit einem konkreten Nutzungsbezug (Gebührenberechnung nach Abfallmenge), sondern personenbezogen argumentiert werden.[83] Für die Länder kommt als zusätzliches Problem die Frage der Gesetzgebungskompetenz

78 Vgl. etwa Hamburg Institut (Fn. 57), S. 18 zu einer Gäste-Nahverkehrssteuer.
79 Enquetekommission NRW (Fn. 61), S. 107, mwN. in Fn. 343.
80 BVerfG, Urt. v. 18.07.2018 – 1 BvR 1675/16, BVerfGE 149, S. 222 = DVBl 2018, 1217; BVerwG, Urt. v. 18.03.2016 – 6 C 6/15, BVerwGE 154, S. 275 ff = NVwZ 2016, 1081.
81 Zur Voraussetzung der „realistischen Nutzungsmöglichkeit": *BVerfG (Fn. 80), S. 222.*
82 Vgl. § 3 IV BGebG; BVerfG (Fn. 80), S. 222.
83 Enquetekommission NRW (Fn. 61), S. 109.

hinzu, wenn man davon ausgeht, dass der Bund abschließend über Finanzierungsformen des ÖPNV entschieden hat.[84]

Alternativ könnte eine Abgabe an das Grundeigentum anknüpfen, da Grundstücke nicht nur für den Individualverkehr, sondern auch in Bezug auf den öffentlichen Verkehr „erschlossen" werden müssen. Ein Vorläufer dieser Diskussion ist in dem Vorschlag einer sog. ÖPNV-Grundgebühr zu sehen.[85] Sie sollte für die Bereitstellung der ÖPNV-Infrastruktur (Vorhalten des Nahverkehrs) zu zahlen sein,[86] während die Benutzung weiterhin entgeltlich erfolgen würde. Abgedeckt wären die Fixkosten oder ein Teil davon. Abgabenpflichtig wären die Grundstückseigentümer, weil sie Leistungen verursachen oder in Anspruch nehmen. Die „Benutzungsgebühr" soll nach Vorteilen differenziert werden (z.B. Erreichbarkeit). Sie soll auf der Grundlage eines Anschluss- und Benutzungszwangs erhoben werden.[87]

Die verfassungsrechtlichen Risiken sind hier aber nicht geringer als im Falle des „Bürgertickets". Für eine klassische Gebühr fehlt eine hinreichende individuelle Zurechnung[88], und ob die Voraussetzungen für einen Anschluss- und Benutzungszwang vorliegen, erscheint mangels Anknüpfung an eine konkrete Nutzung ebenfalls zweifelhaft.[89]

Die Ausgestaltung als Sonderabgabe scheidet ebenfalls aus, da es an einer homogenen Gruppe fehlt.[90] Grundsätzlich wäre noch der Begründungsweg über eine Vorteilsabschöpfungsabgabe denkbar. Dies scheitert vor dem Hintergrund eines Anschluss- und Benutzungszwangs wohl aber an dem Fehlen einer öffentlichen Bewirtschaftungsordnung für ein „knappes Gut" in Form der Anbindung eines Grundstücks an den öffentlichen Personen- und Nahverkehr.[91] Letztlich bleibt noch die Option des Erschließungsbeitragsrechts in der Form eines Ausbaubeitrags.[92]

---

84 So *T. Schmidt*, Eigentümerbezogene Nahverkehrsabgaben als Mittel zur Finanzierung des ÖPNV, in: FS Peine, 2016, Knopp/ Wolff (Hrsg.), S. (533).

85 Grdl. *A. Klein*, Die ÖPNV-Grundgebühr. Ein Instrument zur zukunftsorientierten Gestaltung und Finanzierung des öffentlichen Personennahverkehrs, 1998, S. 79 ff.; vgl. dazu auch Hamburg Institut (Fn. 57), S. 45 ff.

86 *Klein* (Fn. 85), 80 ff. spricht von Erschließung.

87 *Klein* (Fn. 85), S. 91 ff.

88 Hamburg Institut (Fn. 57), S. 45 f.

89 Hamburg Institut (Fn. 57), S. 45 f.

90 *Schmidt* (Fn. 84), S. 535 ff.

91 Zum Konstrukt der Vorteilsabschöpfungsabgabe und ihren Voraussetzungen: BVerfGE 93, 319 (*Wasserpfennig*-Entscheidung); *S. Klinski/F. Keimeyer*, ZUR 2020, 342 (CO_2-Zertifikatehandel).

92 *Schmidt* (Fn. 84), S. 530 ff.; Hamburg Institut (Fn. 57), S. 28 ff.

2. *Drittnutzerfinanzierung*

Die bisher genannten Finanzierungsmodelle knüpfen zentral an den Personenkreis an, der den ÖPNV selbst nutzt. Davon lassen sich Dritte unterscheiden, die indirekt an der Finanzierung des ÖPNV interessiert sind, wie Arbeitgeber, der Einzelhandel oder Veranstalter von Großveranstaltungen. Dieser Bereich lässt sich mit „Drittnutzerfinanzierung" umschreiben.[93] Im weitesten Sinne gehören hierzu auch die Autofahrer, da ihre Mobilität ohne einen funktionierenden öffentlichen Nahverkehr erheblich beeinträchtigt wäre. Entsprechende Nahverkehrsabgaben werden unten unter III. eigenständig behandelt.

Im Mittelpunkt der Diskussion stehen sog. Arbeitgebermodelle.[94] Neben der sog. U-Bahn-Steuer in Österreich[95] wird in diesem Zusammenhang insbesondere auf die französische „Versement Transport" mit ihrer langen Tradition hingewiesen. Danach werden Betriebe mit dem Argument zur Zahlung herangezogen, dass die Mitarbeiter ihren Arbeitsplatz erreichen müssen.[96] Instrumentell würde eine solche Zahlungspflicht eine Sonderabgabe darstellen. Hinsichtlich der verfassungsrechtlichen Rechtfertigung bestehen kaum Zweifel daran, dass es sich bei Arbeitgebern um eine homogene Gruppe handelt, denen in Bezug auf die Mobilität ihrer Mitarbeiter eine Finanzierungsverantwortung zukommt. Problematisch ist allerdings, ob in einer Abführung des Aufkommens in die allgemeine Finanzierung des ÖPNV eine gruppennützige Verwendung gesehen werden kann oder ob dieses nicht den Mitarbeitern zu Gute kommen müsste (in Form vergünstigter Tickets oder einer besseren Verkehrsanbindung).[97]

Entsprechend eines Arbeitgeberbeitrags wird auch über einen Einzelhandelsbeitrag[98] sowie einen Großveranstalterbeitrag diskutiert.[99]

---

93 Enquetekommission NRW (Fn. 61), S. 111 ff.

94 Enquetekommission NRW (Fn. 61), S. 113 f., S. 119 f.; Hamburg Institut (Fn. 57), S. 58 ff.: „erweitertes Bürgerticket".

95 Hamburg Institut (Fn. 57), S. 11.

96 Der Versement Transport (VT) ist eine Transportsteuer, die Kommunen oder Kommunalverbände in Frankreich zweckgebunden zur Finanzierung des Öffentlichen Personennahverkehrs (ÖPNV) von Arbeitgebern erheben können. Die eingenommenen Gelder können sowohl für den laufenden Betrieb als auch für Investitionen eingesetzt werden. Vgl. dazu Hamburg Institut (Fn. 57), S. 11. und *Klein* (Fn. 85), 64 ff.

97 Kritisch: Hamburg Institut (Fn. 57), S. 59.

98 Hamburg Institut (Fn. 57), S. 64 f.; Enquetekommission NRW (Fn. 61), S. 114, 121.

99 Enquetekommission NRW (Fn. 61), S. 115.

III. Nahverkehrsabgaben, insbesondere City-Maut

Unter Nahverkehrsabgaben werden regelmäßig Belastungen auf den Besitz oder das Nutzen von Kraftfahrzeugen verstanden.[100] Nutzerunabhängige Modelle knüpfen an das Halten von Kraftfahrzeugen an und ähneln den oben diskutierten Formen der Drittnutzerfinanzierung. Sie teilen damit auch deren rechtliche Risiken. Für eine Ausgestaltung als Sonderabgabe muss die besondere Verantwortung der Halter für einen funktionierenden Nahverkehr begründet werden und darin auch eine gruppennützige Verwendung gesehen werden.[101] Es kommen jedoch auch Beitragsmodelle in Betracht, wenn und soweit die Zahlung mit einem Recht zur Nutzung des ÖPNV einhergeht („Fahrschein-Modelle").[102]

Sowohl verkehrspolitisch als auch verfassungsrechtlich überzeugender sind jedoch nutzungsabhängige Nahverkehrsabgaben und hier insbesondere eine streckenbezogene elektronische Maut.[103] Nur sie sind in der Lage, die vielfältigen negativen externen Effekte des Individualverkehrs wirksam zu internalisieren.

Natürlich liegt es nahe, dass eine solche Maut auf europäischer Ebene eingeführt wird und damit der Flickenteppich nationaler Systeme bereinigt würde. Politisch ist das jedoch in weite Ferne gerückt, nachdem die Kommission mit dem Vorhaben einer Ausweitung und Ökologisierung der bestehenden PKW-Maut gescheitert ist.[104]

Verfassungsrechtlich lässt sich eine PKW-Maut sowohl als Straßenbenutzungsgebühr auf der Grundlage des Art. 74 I Nr. 22 GG (Erhebung und Verteilung von Gebühren oder Entgelten für die Benutzung öffentlicher

---

100 Vgl. dazu Hamburg Institut (Fn. 57), S. 97 ff.

101 Zweifelnd Hamburg Institut (Fn. 57), S. 100 ff.

102 Vgl. dazu Hamburg Institut (Fn. 57), S. 103 ff.

103 Vgl. etwa UBA, PKW-Maut in Deutschland? Eine umwelt- und verkehrspolitische Bewertung (April 2010), 2010, abrufbar: https://www.umweltbundesamt.de/sites/default/files/medien/publikation/long/3929.pdf (29.06.2020) und UBA, Maut für Deutschland: Jeder Kilometer zählt - Der Beitrag einer Lkw-, Bus- und Pkw-Maut zu einer umweltorientierten Verkehrsinfrastrukturfinanzierung (November 2015), 2015, abrufbar: https://www.umweltbundesamt.de/sites/default/files/medien/376/publikationen/maut_fuer_deutschland_jeder_kilometer_zaehlt_web.pdf (29.06.2020).; SRU (Fn. 22), S. 281 ff.

104 EU-Kommission, Vorschlag für eine Richtlinie des Rates zur Änderung der Richtlinie 1999/62/EG über die Erhebung von Gebühren für die Benutzung bestimmter Verkehrswege durch schwere Nutzfahrzeuge, COM(2017) 275 final vom 31.5.2017, abrufbar: https://ec.europa.eu/transparency/regdoc/rep/1/2017/DE/COM-2017-275-F1-DE-MAIN-PART-1.PDF (29.06.2020).

Straßen mit Fahrzeugen) als auch als Sonderabgabe ausgestalten (in den Varianten einer Finanzierungssonderabgabe zugunsten des ÖPNV oder einer Verkehrslenkungsabgabe).[105] Die Straßenbenutzungsgebühr ist unproblematisch, wenn der Bund dies regelt, da die Kompetenzgrundlage alle öffentlichen Straßen betrifft – und auch Parkraumgebühren einschließt.[106] Probleme könnten sich lediglich in Bezug auf Bundesstraßen ergeben, wenn die Länder die Kompetenz nutzen wollten.[107] Unabhängig davon, ob der Fokus eines PKW-Maut-Gesetzes nun auf der Benutzung öffentlicher Straßen, der Finanzierung des ÖPNV oder der kommunalen Luftreinhaltung liegt, könnte der Gesetzgeber in jedem Fall auch die Internalisierung externer Effekte berücksichtigen. Für eine Straßenbenutzungsgebühr spräche, dass sie das Problem umfassend, unter Einschluss aller Straßenarten, regeln würde.

In der Ausgestaltung als Sonderabgabe wäre die City-Maut selbst Regelungsgegenstand, im Rahmen einer allgemeinen PKW-Maut ein Teilelement der Gesamtregelung. In jedem Fall könnte und sollte der Gesetzgeber die Kommunen ermächtigen, Details zu regeln, insbesondere, welche Kraftfahrzeuge zu welchem Preis Zugang erhalten sollten. Damit könnten die Kommunen ein bedeutsames Instrument zur Luftreinhaltung erhalten. Andererseits könnte den Kommunen die Möglichkeit eingeräumt werden, den ÖPNV durch den motorisierten Individualverkehr (MIV) „quer zu subventionieren“. Ökonomisch gesprochen ginge es um eine Internalisierung externer Effekte. Neben den Straßenbenutzungsgebühren sollten hierfür auch die Einnahmen aus einer umfassenden Parkraumbewirtschaftung verwendet werden.

E. Ein Mobilitätsgesetz des Bundes?

Das Personenbeförderungs- sowie das Straßenverkehrsrecht haben sich im Laufe der Zeit zunehmend von ihrem sicherheitsrechtlichen Ursprung fortentwickelt und mobilitätsrechtliche Funktionen übernommen. Im Straßenverkehrsrecht steht dabei die Neujustierung des öffentlichen Straßenraums im Spannungsfeld neuer Mobilitätsformen im Mittelpunkt, im Personenbeförderungsrecht bundesrechtliche Regelungen zum öffentlichen Nahverkehr.

---

105 Vgl. dazu näher *M. Schröder*, NVwZ 2012, S. 1438 ff.
106 *T. Maunz* in: Maunz/Dürig (Begr.), GG, 90. EL 2020, Art. 74 GG, Rn. 243.
107 Vgl. dazu näher *R. Klinger*, ZUR 2016, S. 591 ff.

Dabei kommt es zu erheblichen Friktionen mit deren sicherheitsrechtlichem Ursprung und Grundfunktion. Deshalb sollte erwogen werden, das materielle Mobilitätsrecht des Bundes getrennt in einem Mobilitätsgesetz zu regeln und das PBefG sowie das StVG auf ihre sicherheitsrechtliche Grundfunktion zurückzuführen. Ein Mobilitätsgesetz des Bundes könnte die Frage einer nachhaltigen Mobilität kraftvoll und sehr weitgehend regeln, kann es sich doch auf drei bedeutsame Gesetzgebungskompetenzen stützen: Recht der Luftreinhaltung und Lärmbekämpfung (Art. 74 I Nr. 24 GG), Straßenverkehr (Art. 74 I Nr. 22 GG) und Wirtschaft (Art. 74 I Nr. 11 GG). Das bleibt einer eigenen Untersuchung vorbehalten; an dieser Stelle werden exemplarisch einige Regelungsgegenstände skizziert.[108]

Nach den Vorbild des § 3 MobG Berlin sollte der Bundesgesetzgeber in einem Mobilitätsgesetz des Bundes eine Mobilitätsgarantie statuieren.[109] Nach Möglichkeit sollte diese konkrete justiziable Aussagen zum Umfang der Gewährleistung treffen. Die Rechtsanwendung müsste sich dann nicht länger auf das allgemeine verfassungsrechtliche Konzept der Daseinsvorsorge berufen. Der auf den SPNV bezogene § 1 I RegG („Die Sicherstellung einer ausreichenden Bedienung der Bevölkerung mit Verkehrsleistungen im öffentlichen Personennahverkehr ist eine Aufgabe der Daseinsvorsorge“) bringt demgegenüber gegenwärtig keinen Mehrwert.

Das Mobilitätsgesetz des Bundes sollte weiterhin ein vertikal integriertes Mobilitätsplanungsrecht skizzieren. Dabei sollten jedenfalls Landesmobilitätspläne zwingend vorgesehen und Mindestinhalte vorgeschrieben werden.[110] Zudem sollte der Gedanke einer bundesrechtlich verankerten integrierten kommunalen Mobilitätsplanung aufgegriffen werden, der unter dem Stichwort „Gemeindeverkehrsplanungsgesetz“ diskutiert worden ist.[111] In diesem Sinne sollte nach dem Vorbild von § 16 MobG Berlin ein Stadtentwicklungsplan Mobilität und Verkehr vorgeschrieben werden.

108 Ein früherer Vorschlag zu einem Mobilitätsgesetz des Bundes durch Canzler hatte eine völlig andere Stoßrichtung, nämlich eine Liberalisierung des Verkehrsgewerbes einschließlich neuer gebündelter Finanzierungsstrukturen, vgl. *W. Canzler*, Auf`s Wesentliche konzentrieren! Eckpunkte einer Reformagenda für den Öffentlichen Verkehr, in: O. Schöller (Hrsg.), Öffentliche Mobilität, Wiesbaden 2005, S. 238 (250 ff.).

109 Autorenpapier der Grünen (Fn. 19) unter A.

110 Zum jetzigen Stand der Landesverkehrsplanung vgl. BMVI-Online-Publikation Nr. 04/2016 (Fn. 23), S. 67 f.

111 SRU: Umwelt und Straßenverkehr. Hohe Mobilität - Umweltverträglicher Verkehr, Sondergutachten 2005, abrufbar: https://www.umweltrat.de/SharedDocs/Downloads/DE/02_Sondergutachten/2004_2008/2005_SG_Umwelt_und_Strassenverkehr.pdf;jsessionid=F64C5D03BFAE8A939D7FF8600479B46D

Im Zentrum eines Mobilitätsgesetzes des Bundes müsste ein Kapitel über den öffentlichen Personennahverkehr stehen. Hier wäre der richtige Ort, um den gegenwärtig verengten Begriff des ÖPNV[112] zu erweitern.[113] Daraus wären dann die notwendigen Konsequenzen für die Finanzierung des ÖPNV zu ziehen. Schließlich wäre hier auch der richtige Platz, den Nahverkehrsplan umfassend zu regeln. Dieser sollte, wie bereits festgestellt wurde, den Kommunen Freiheit belassen, über die Integration neuer Bedienformen in den Nahverkehr zu entscheiden (und damit auch in den Finanzierungsrahmen einzubeziehen). Weitergehend könnte das Planwerk gleich als Mobilitätsplan ausgestaltet werden (unter Einschluss etwa von Rad- und Fußverkehr, Carsharing etc.). Damit könnte auch der Finanzierungsaspekt weiter gefasst werden.

F. Ausblick

Es würde sich also lohnen, das Bundesrecht mit dem Leitgedanken einer zukunftsfähigen Mobilität grundlegend zu reformieren. Diese Neuausrichtung kommt insbesondere in dem Desiderat eines Mobilitätsgesetzes des Bundes zum Ausdruck. Die freie Sicht darauf wurde bisher dadurch behindert, dass Mobilitätsgesichtspunkte in grundsätzlich sicherheitsrechtliche Bundesgesetze integriert worden sind. Ein wirkkräftiges Mobilitätsrecht der Länder wäre angesichts ihrer weitreichenden Gesetzgebungskompetenzen dadurch nicht überflüssig gemacht, es würde so vielmehr einen angemessenen Rahmen finden.

.1_cid284?__blob=publicationFile&v=6 (zuletzt abgerufen: 16.03.2020) auf der Grundlage eines Forschungsprojektes des Umweltbundesamtes (FKZ 299 16 115): „Lokal handeln: Nachhaltige Mobilitätsentwicklung als kommunale Aufgabe. Entwurf für ein Gemeindeverkehrsplanungsgesetz (E-GVPlG9)“, von *Prof. Dr. Hans-Joachim Koch, Dr. Ekkehard Hofmann, Dr. Moritz Reese.*

112 Zum jetzigen Rechtsbegriff vgl. IKEM (Fn. 39), S. 69; Gruber (Fn. 56), S. 37 ff, S. 45 ff.

113 Vgl. dazu etwa BMVI-Online-Publikation Nr. 04/2016 (Fn. 23), S. 87 ff.

FSC
www.fsc.org
MIX
Papier | Fördert
gute Waldnutzung
FSC® C083411

Kolibri 360 GmbH
Ferdinand-Jühlke-Straße 7
99095 Erfurt, Deutschland
produktsicherheit@kolibri360.de